U0829573

普京
权力的逻辑

[德国] 胡贝特 · 塞佩尔　著
王蕾　译

译林出版社

图书在版编目（CIP）数据

普京：权力的逻辑 /（德）胡贝特·塞佩尔著；王蕾译．
—南京：译林出版社，2019.8（2022.11重印）
（传记译林）
ISBN 978-7-5447-7957-9

Ⅰ.①普… Ⅱ.①胡… ②王… Ⅲ.①普京－传记
Ⅳ.①K835.127=6

中国版本图书馆 CIP 数据核字（2019）第 176026 号

Putin:Innenansichten der Macht by Hubert Seipel
Copyright © 2015 by Hoffmann und Campe Verlag, Hamburg
This edition arranged with Peony Literary Agency Limited
through China Written Works Copyright Society
Simplified Chinese translation copyright © 2019 by Yilin Press, Ltd
All rights reserved.

著作权合同登记号 图字：10-2016-539号

普京：权力的逻辑 ［德国］ 胡贝特·塞佩尔／著 王 蕾／译

责任编辑 许 昆
装帧设计 韦 枫
校 对 孙玉兰
责任印制 董 虎

原文出版 Hoffmann und Campe, 2016
出版发行 译林出版社
地 址 南京市湖南路 1 号 A 楼
邮 箱 yilin@yilin.com
网 址 www.yilin.com
市场热线 025-86633278
排 版 南京展望文化发展有限公司
印 刷 南京爱德印刷有限公司
开 本 652 毫米 ×960 毫米 1/16
印 张 15.25
插 页 12
版 次 2019 年 8 月第 1 版
印 次 2022 年 11 月第 5 次印刷
书 号 ISBN 978-7-5447-7957-9
定 价 65.00 元

版权所有 · 侵权必究
译林版图书若有印装错误可向出版社调换。质量热线：025-83658316

别鬼迷心窍了，现在也该听听理智的声音了。这一切，这整个国外，以及你们的这整个西欧，这一切不过是幻想，我们大家在国外，也不过是幻想……记住我的话，您会亲眼看见的！[1]

——费奥多尔·M. 陀思妥耶夫斯基，《白痴》

1 臧仲伦译文。——译注

目 录

序　言

邪恶的帝国与善良的人们

2015年3月初，全世界的媒体整天只关心一个问题，这个问题只有五个字：普京在哪里？弗拉基米尔·弗拉基米罗维奇·普京已经从公众的视线中消失好几天了。他取消了短期访问哈萨克斯坦的原定计划。还有更反常的：他甚至未出席俄罗斯联邦安全局那周在莫斯科举行的年度庆典。按照舆论推断的思路，这只能有一种解释。这位总统在几十年前是以间谍身份开始职业生涯的，如果他缺席了这样一场家族庆典，显然应当是发生了一些很不寻常的事情。问题只是：发生了什么呢？

首先流行的是谣言的善意版本。据说，普京伤风了，或感染了此时肆虐莫斯科的流感。但他的新闻发言人德米特里·佩斯科夫一天到晚到处宣称，因为乌克兰危机，总统忙于处理各种要务，因此没时间整天上电视。从此时开始，谣言进入了最活跃的阶段。弗拉基米尔·普京不上电视？克里姆林宫可从来都不会放过任何一个展现国家最高领导人正面形象的机会。

佩斯科夫还说，普京握手的力气跟从前一样大，甚至能握断对方的手指。那么到这个时候，发生过什么事情都是有可能的了。这种措辞是自叶利钦时代传下来的广为人知的套话，当这位前总统因身体不适或体内酒精含量过高而无法公开露面时，就给出这番言论。陈词滥调，代表的不是什么好消息。

究竟发生了什么呢？中风？政变？造反？普京是被关进了克里姆林宫的哪间地下室吗？还是说整件事情都只是一次聪明的炒作，以转移公众对政治和经济危机的关注？

总统的一名前任顾问在博客中称，总统是被强硬派推翻并软禁起来了。幕后主使是俄罗斯的东正教会。电视上不久就会发表声明——最好的“克里姆林宫之声”——称为了从上一年缠身的政务中恢复过来，普京要去休养一段时间，这本就是他应得的。有些人认为，这是一个明显的迹象，说明关于接班人的斗争尚未决出胜负。

甚至有记者向白宫发言人提问，华盛顿是否知道普京藏身何处，或者贝拉克·奥巴马是否获悉了普京的失踪事件，以免做出不可预知的反应。而恼火的发言人只给出了一个不能让人满意的答复：紧跟美国总统的最新行踪已经够他忙的了，俄罗斯总统的事应该去问俄罗斯当局。

无论是在脸书、推特或其他什么社交媒体上，阴谋论都在迅速滋长。也有一些本质上很单纯的猜测。《新苏黎世报》报道说，他的新任女友或妻子在瑞士生了个孩子，因此普京休了几天假。

我们在2015年春天所感受到的兴奋是很典型的，一旦涉及普京就会如此。我们没有一天不在报纸上读到关于他的什么消息，通常都不是好消息。如果很例外地不是什么坏消息，那么这位总统肯定又一次对自己评价过高或举止不当了。他显然不是这个时代的救世主，但无论如何他又是如此重要的人物，因此我们不得不写他，而我们的政治家与他谈话时无不气得咬牙切齿。没有任何其他外国政要会像弗拉基米尔·弗拉基米罗维奇·普京这样频繁地得到报道。然而，就像在苏联曾经发生过的：太多的捕风捉影。研究克里姆林宫的学究们每天推出崭新的理论，自己却根本接触不到权力圈。不得不说，这也挺不容易的。

对于自己在2015年3月的这次突然失踪，弗拉基米尔·普京只给出了一份乏味的声明。“我得了重感冒，还发烧。因此才回避了几天。”几周后，他在接受采访时，针对他令人吃惊的失踪问题如此回答道。“我明显低估了人们对我个人的兴趣。”他甚至显然愉快地嘲讽道，“在所有关于我的猜测中，我最喜欢在瑞士生孩子的那个——对于一个像我这么大年纪的人来说，这绝不是最糟糕的。”他清楚自己的影响力。他也很乐于利用它。对在有生之年再次改变自己在国外的形象，他早就不抱希望了。

普京是那种外国政治家，他们会比本国的政治领导层更多地出现在记者的镜头里，而且绝不仅仅在德国是这样。他在西方受到普遍的怀疑，被认为只策划一些邪恶的事情。德国媒体界的领军者们多年来致力于研究普京，以便随时揭示出，他或他的继任者可能会变得更加恶劣。总而言之，从世界的这个角落里传不出什么好消息。他们通常都忘了，普京可是被大多数俄罗斯人多次选上总统之位的。就算他们没有忘记这一点，也经常会附加一句：俄罗斯的选举结果普遍都是伪造的。俄罗斯的民意调查展现了另外一番景象：普京目前的国内支持率创下了超80%的纪录。

换句话说：我们不仅仅是在传弗拉基米尔·普京的八卦，这十几年来，我们也在认真地探讨他。有一定的规模，有争议，并且像投影屏幕一样不可替代。他就像一个老熟人，你完全无法想象他不在了的那一天，尽管始终有人要求他退位。

发生在乌克兰的争端使普京进一步成为邪恶的化身。乌克兰冲突从一开始就是善与恶对抗的程式化故事，是民主的国际社会对抗俄罗斯霸权的险恶阴谋的故事。它是一种思想的延续，罗纳德·里根可能会宣称自己拥有其版权，这位美国前总统1983年在一次宗教激进主义福音派信众集会上，第一次给苏联盖上了“邪恶帝国”的戳。

马来西亚航空公司的MH17航班在乌克兰东部上空被击落之后，弗拉基米尔·普京在几个月的时间里化身为许多媒体口中有待推翻的黑暗时代的唯一继承人。心狠手辣，很不幸又聪明狡猾。他就是不愿意停止作恶，虽然德国总理安格拉·默克尔竭尽全力与他对话。她经常与他对话。仿佛冲突在谈话治疗的层面就可以得到解决，而不是要通过政治利益的有力平衡。在西方媒体的报道中，普京唯一的追求就是重建当年的苏联——以牺牲波罗的海诸国和波兰为代价。它们看不到的是，这种情况是不可能的，因为这些国家早已是北约成员国，而根据《北大西洋公约》，这种尝试将立即引发下一次世界大战。

与此同时，歇斯底里的情绪逐渐平息。乌克兰竭尽全力，哪怕只是近似地建立起民主环境，为实现这一点，许多媒体走到街垒旁，许多人牺牲了生命。而学者们越来越多地争论，西方的崇高论调是否正确，这些论调将欧盟作为殖民国家俄罗斯在压制自由方面的伟大对手来颂扬，宣称这个没落的帝国是不会放开乌克兰的。

权力与意见

普京事件与乌克兰也引发了一场关于媒体公信力的辩论。并非所有人都赞同报纸写手与电视记者的观点，认为俄罗斯是冲突的唯一责任方。德国电视二台（ZDF）和德国广播电视联合会（ARD）自危机伊始就被投诉所淹没，这些投诉针对的是普京和乌克兰报道中的片面性。这不是没有原因的。德国广播电视联合会的节目审查委员会就其报道猛烈批评了自己的电视台。由于这些投诉，审查员们甚至仔细研究了一系列节目，并得出了类似的结论。他们在2014年6月指责说，德国广播电视联合会未加区分地、“有倾向性地”做了报道。审查员们还列出了一长串显著的错误。节目制作者既没有“探讨北约东扩的战略意图”，也没有仔细考察基辅政变过程中亲欧派或“极端民族主义势力，尤其是全乌克兰自由联盟”发挥的作用。德国广播电视联合会审查员们得出官方结论：“节目审查委员会基于考察得出结论，电视二台关于乌克兰危机的报道部分地给人以带有偏见的印象，并有倾向性地针对俄罗斯与俄罗斯的立场。”

各大报刊也遇到了类似情况。《法兰克福汇报》《时代报》《南德意志报》都收到了数以千计的批评性投诉。读者称，他们认为报纸的观点失之偏颇，威胁要取消订阅。然而，许多记者更怀疑其读者群的判断力而不是自己的报道。他们只把自己越来越少的评论权，当作俄罗斯宣传机构在德国强而有力的又一个证据。

主流媒体非常缓慢地认识到，插手这场辩论的并不只有魔头普京。媒体记者的阐释权很久以前就被夺去了。“与愚蠢无知的政客之间的每日清算”改变了，正如弗兰克–瓦尔特·施泰因迈尔2014

年11月在一次关于政治与新闻之关系的主题演讲中所自负地批判的一样。二者必须保持距离，要做到这一点，只能“让记者免于受到做政治家的诱惑。(……)他们不是对方。政治家不是记者，记者也不是政治家”。这位其实非常谨慎的外长在留言簿上还给媒体留了几句话。“早晨在家翻看报纸评论的时候，我常有这种感觉：意见通道变得更宽了。”施泰因迈尔写道，“我觉得记者心中的同侪压力是相当大的。”

关于弗拉基米尔·普京的激烈讨论大多也是出于政治正确的理由。这种政治正确诚然与许多因素有关，却很少与对外交政策的分析考量相关。这是要用个人的信念去约束所有地方的所有人。丝毫不要去管那些麻烦的主次先后，而是要现在，马上行动。尤其要遵循个人心中的生活方式指南：我今晚要在哪里吃素食？我要穿什么？为什么弗拉基米尔·普京不允许同性婚姻在俄罗斯合法化呢？

我们与新俄罗斯的媒体关系是一杯情绪化的、混杂着同情与想象的鸡尾酒。苏联解体之后，德国记者们就满怀着新鲜出炉的团结友爱炮制了数以千计的文章，其中充斥着善意的忠告与对误入歧途的严厉警告。我们从未停止过为正确的行为打分，并且始终相信自己知道“失败的国家”俄罗斯怎样才能继续在通往西方的道路上前进。俄罗斯的政策制定看来只是有条件地接受了德国改革教育学的介入。其前进的方向也并没有谈妥。这样一来，关系终结了，终结于没有回报的感情总是会消逝之处，即互相失望之中。

德国对普京的俄罗斯长期抱有一种幻想，而这种幻想最终导致了无望的期待。《时代报》的一名社论作者失望地写道：“苏联终结之后，盛行着一种假设，即俄罗斯与欧洲持有相同的价值观。”

这样想过的并不只有他一个人。只不过，这种“盛行”且看似无争议的相同价值观的假设是一厢情愿的，与当时的社会现实并不相符。

苏联的完结并不是建立在东西方联合起来、以西方人权为依据、为创造新俄罗斯人而努力的基础之上的。苏联的解体是严重的经济崩溃和官僚、权力精英无能的结果，它是可以预见的，也是可以避免的。是戈尔巴乔夫将苏联引上了末路——而不是德国的社论作者们。2008年，米哈伊尔·戈尔巴乔夫在就抨击俄罗斯这一问题致德国记者的一封公开信中就抱怨说:“仔细看看德国的出版洪流，你就很难摆脱这样的印象，即这是一场有目的的征讨，这一切都有同一个来源，它包含少数几个论题（俄罗斯没有民主、言论自由受到压制、执行恶意能源政策、统治者在独裁的道路上越走越远，等等）。”

相反，“俄罗斯人本身”跟我们倒是处得更好。毕竟人们希望，俄罗斯人民还是愿意学习的，尽管在许多记者看来，这些人不知道怎样摆脱他们的总统弗拉基米尔·普京，只得一次次地选他上台。

那么，弗拉基米尔·普京是谁？是什么影响了他，塑造了他？这本书就要走近弗拉基米尔·弗拉基米罗维奇·普京的世界。这既不是一篇学术论文，也不会追求一应俱全。我是2010年1月于莫斯科在关于能源问题的一次采访中第一次遇到这位俄罗斯总统的。那时他刚结束第二与第三个总统任期之间的总理任期，因为俄罗斯宪法只允许连续担任两届总统。他接受了如下条件，在2012年德国电视台播放这部纪录片之前，他不会审查它，也不会审查我们在几个月的拍摄期内进行的采访。这个规定也适用于这本书。为德国广播电视联合会制作的这部纪录片《我，普京——一幅肖像》是我们后来定期在莫斯科、索契、圣彼得堡、符拉迪沃斯托克，也包括其他国家的城市举行会议和讨论的起点。这部纪录片是我与俄罗斯总统的关系的开始。政治家与记者之间的货币是由信息与信任铸造的。只有得到双方严肃对待，它才会正常流通。抨击政治家很流行，但很少能带来什么知识。政治与媒体的运作方式是非常相似的。政治家试图利用记者，记者也想利用政治家。这在柏林与在华盛顿或莫斯科是完全相同的，即使这些政治家叫默克尔、奥巴马或普京。关键是公开性，它是这两种职业的行为准则。

接近是获得信息的先决条件，这些信息应该能够透过现象直达本质。其余的交由写作者处理。除了普京之外，我还在莫斯科与他的许多同路人谈过话，还有柏林、布鲁塞尔和华盛顿的政治家。有些人完全不介意自己的话被引用，也有些人不愿意被提到名字。这也是职业的一部分。

如同他的西方同僚一样，作为政治家的弗拉基米尔·普京几乎接受任何对他有用的角色扮演。不过他仍坚守职责与私人生活之间的区别。出于自我保护，也出于保护家人的目的。没有家庭故事，没有花哨浮夸的逸事，也没有关于私人关系的花边新闻。“媒体对我感兴趣，因为我是政治家，是俄罗斯总统。”他解释道，“我的女儿们没有政治职务，我的私人关系也与政治问题无关，那是我的私事。”我坚守住了这一点，因为我赞同这样的观点。

只谈政治。政治是由历史决定的，是由一个国家的具体利益与集体经验决定的——当然也是由时事驱动的。2014年马来西亚航空公司MH17航班在乌克兰东部被击落尤其表明，东西方之间的关系降到了冰点以下。无论是在弗拉基米尔·普京，还是在贝拉克·奥巴马或安格拉·默克尔看来，情况都是如此。每个国家都根据自己的历史编写出自己的故事。如果俄罗斯总统根据个人喜好进行决策，不顾俄罗斯历史、国内冲突和全球权力斗争，他不会在最高职位上坚持15年。

他人生中的重要阶段平行于他国家的断层线。他的童年是在圣彼得堡度过的，恰逢一个稳定的、苏维埃式的正常时代。苏联解体时，这名驻外特工刚刚结束了在德累斯顿的五年服务期，作为法学家在家乡的政府部门回归平民生活。作为克里姆林宫管理部门的公务员，他在几年后目睹了国家秩序的衰变，并很快了解了权力机器在混乱的叶利钦时代是如何运转的。

从那时起，他一直试图以总统身份为他的国家重建已经支离破碎的自信心，并且是依据他们自己的历史与经验，从沙俄帝国到曾经的苏联再到东正教会的经验——无论西方喜欢不喜欢。对普京而言，北约自1999年以来向俄罗斯边境方向的扩张是有意扩大冷战时期的战区——再加上华盛顿与柏林不断发出劝告，它们也想要俄罗斯接受它们的政治理念。

这本书将展现相互竞争的各方之间的利益关系，展现真正的弗拉基米尔·普京视角，按照我们会面时他表现出的样子。这是一段公开对抗的历史，它在2014年暂时达到了高潮。俄罗斯将2014年2月的索契冬奥会作为一件国家大事来庆祝，而与此同时在基辅，经过俄罗斯与西方的多年拉锯战之后，示威者们从独立广场出发推翻了政府。弗拉基米尔·普京对此的回应是吞并克里米亚。曾经的强权政治家亨利·基辛格断言道："对普京的妖魔化不是一种战略，而是为缺乏战略找的一个借口。"而这个借口同时也是一件武器，这正是本书所要讨论的。

第一章　嫌疑惯犯

谁应为击落MH17客机负责

总统专机伊尔-96单调的飞行噪声让大多数乘客昏昏欲睡。从里约热内卢到莫斯科的航程长达12小时。普京结束了与四个国家为期六天的会谈。这些天同往常一样让人全力以赴。

2014年7月17日，普京对这趟南美之行的一切都很满意。古巴、尼加拉瓜、阿根廷和巴西都非常友好，关于未来能源与军备的合作协议已收入囊中。这一年的金砖国家峰会（这是巴西、俄罗斯、印度、中国和南非组成的经济联盟的会议）由于足球世界杯而在巴西举行，峰会也不负众望。

两年来，俄罗斯总统极力谋求与中国领导人习近平、巴西世界杯东道主迪尔玛·罗塞夫、印度总理纳伦德拉·莫迪以及南非总统雅各布·祖马一道将一项计划变成现实，他们将成立两家银行。如今一切文件都已签署，1万亿美元的启动资金也筹备到位。计划的目标是：金砖五国将来具有与世界银行、国际货币基金组织抗衡的力量。这两个组织的话语权主要由美国和欧盟这样的发达国家掌控。金砖五国的领导人是30亿人的代表——这占世界人口的大约40%——他们视英美金融模式为眼中钉。银行的建立将有助于增加五国的政治活动空间。

总之，如果不考虑弗拉基米尔·普京与德国总理在里约热内卢举行的会谈，一切都很顺利。与安格拉·默克尔的谈话于7月13日，即世界杯决赛前一天在马拉卡纳球场的贵宾包厢之中举行，收效甚微。这场短暂的会面对以乌克兰危机为代表的紧张的德俄关系并无助益。默克尔总理与普京在这之前已经达成一致，认为民间武装应当与乌克兰政府举行会谈。安格拉·默克尔承诺就此事与乌克兰总统沟通。

她向普京保证，她会就此事与乌克兰总统反复磋商。只是到那时为止，事态并未有什么变化。冲突仍在继续。到那时为止，德国、法国、乌克兰与俄罗斯四国外长为缓和局势而达成的每份协议，都会在48小时内撤销作废。不过决赛还是激动人心的。德国在加时赛才战胜了阿根廷。

距离抵达莫斯科还剩下40分钟。普京的新闻发言人德米特里·佩斯科夫带来了接下来的会议要用的文件。没什么特别的，例行公事，除了着陆后与美国总统的那通电话。那是很久以前就约定好的。它并不意味着弗拉基米尔·普京会对与贝拉克·奥巴马的会谈给予更高评价。双方对彼此的反感在过去几年中持续增长。美国总统在公开场合谈到俄罗斯话题时显露出的道德优越感惹恼了普京。最近就有一次攻击，奥巴马称俄罗斯只是一个区域大国，嘲讽俄罗斯总统是个坐在教室最后一排的散漫学生。到那时为止，弗拉基米尔·普京对人身攻击的使用都很克制。他只是经常攻击美国要做唯一超级大国的要求。

2012年普京再次竞选总统之前，华盛顿曾公开表明，奥巴马更喜欢卸任的梅德韦杰夫而不是普京做总统，但这也没有帮助据称要被重置的美俄关系变得轻松愉快。自基辅独立广场发生政变以来，处于冰期的东西方关系更是蒙上了一层冻土。

普京可以想象即将进行的电话会谈的内容。他的外交政策顾问尤里·乌沙科夫已经向他报告了华盛顿的新制裁措施。美国希望在国际金融市场上有针对性地削弱俄罗斯大型信贷机构，比如天然气工业银行或对外经济银行。

俄罗斯总统的专机并不是东欧1.1万米高空上此时唯一的飞行器。尽管在乌克兰东部地面战进行得非常激烈，领空却并未封锁。许多航空公司仍然使用通向远东的惯常飞行路线，以避免飞昂贵的绕弯路。几分钟后，乌克兰第聂伯罗彼得罗夫斯克的空管将联系他在罗斯托夫的俄罗斯同行。第聂伯罗空管在雷达屏幕上找不到MH17航班了。这架载有298名乘客、从阿姆斯特丹飞往吉隆坡的马来西亚航班失踪了。最后一次联络是在两分钟之前。

当地时间16时22分在乌克兰与俄罗斯空管之间进行的简洁对话，是对这一自冷战结束以来东西方之间最严重危机的一份朴实的证明。

第聂伯罗空管呼叫罗斯托夫：罗斯托夫，在雷达上看得到马航吗？

罗斯托夫空管呼叫第聂伯罗：看不到，它好像消失了。

第聂伯罗呼叫罗斯托夫：它也不回应我们的呼叫。他们得到指令要改变飞行路线，他们确认……

罗斯托夫呼叫第聂伯罗：全部事情就是这样，对吗？

第聂伯罗呼叫罗斯托夫：是的，它消失了。你们能看到什么吗？

罗斯托夫呼叫第聂伯罗：我们什么都看不见。

MH17的坠毁是普京抵达莫斯科最老的机场伏努科沃之后，由俄罗斯空管局局长汇报给他的第一条消息。受保护的伏努科沃3号航站楼是为政府的航班预留的。克里姆林宫的领导人随即抓起了电话。

与贝拉克·奥巴马的通话如同预期一样。美国总统称，新的制裁措施是对俄罗斯为乌克兰反政府武装提供武器的报复。即日起，四家大型俄罗斯银行将不再有机会在国际金融市场上获得长期贷款，其他公司在西方的业务也会被禁止。弗拉基米尔·普京的回应也并不新鲜。美国本身也会承受相同制裁，它会长期损害美国的国家利益。随后，普京告诉奥巴马，马来西亚客机在乌克兰坠毁。奥巴马显然尚未得到消息。这起事故不是他们要谈的主题。普京回忆说，在简单讨论了这天的这起悲惨事故之后，话题很快又回到了制裁问题上。

不久之后，奥巴马的顾问丹·法伊弗在飞往安德鲁斯空军基地的飞机上向总统汇报了最新消息，乌克兰总统彼得·波罗申科已经向全世界所有渠道通报了此事的责任方。一枚俄罗斯导弹应对坠机事件负责。消息在几分钟内飞速传播。华盛顿进入紧急状态。在白宫，演讲稿撰写人在为即将到来的媒体战起草文本。奥巴马的新闻秘书乔希·欧内斯特负责协调这一活动，保证让总统关注到事件进展。副总统乔·拜登通过电话向乌克兰总统波罗申科了解了基辅目前面临的局势。

克里姆林宫的机器也在高速运转。午夜过后不久,俄罗斯总统在莫斯科郊外的新奥加廖沃官邸对着摄像机发表了讲话,此前德米特里·佩斯科夫再次飞快地浏览了声明的文本,这份声明是他的同事们在红场正对面的那座“老广场”旁的总统办公厅里写出来的。在一些慰问的词句和一分钟的默哀之后,弗拉基米尔·普京承诺将给这场悲剧一个交代。他还指出了他认为的这起不幸事件的真正原因。他说,“如果不是乌克兰东部重启战事”,这起空难就不会发生。“毫无疑问,在谁的领空发生,谁就要对这起惨剧负责。”华盛顿方面的答复很快就到了。几个小时之后,贝拉克·奥巴马在白宫宣布:“有证据显示,这架飞机是被一颗地对空导弹击落的,导弹来自俄罗斯所支持的民间武装控制下的地区。”

爆炸的力量使这架波音777-200ER的碎片散落在乌克兰东部城市多列士附近超过35平方公里的土地上。首批传回的照片显示着冒烟的残骸、残缺不全的肢体、带着武器的大胡子武装人员。在一张传遍全世界的照片上,一名民间武装人员庆祝胜利似的将一个死去孩子的毛绒玩具举向空中。这个姿势作为民间武装肆无忌惮的证明登上了各家媒体的头条。事实上,这只是一段长视频中的一帧图像,这段视频恰恰证明了相反的东西。这名男子向媒体展示了这个毛绒玩具之后,把它小心地放下,然后在胸口画了个十字。

这种以一个细节代表全部真相的做法,在乌克兰冲突之中具有典型性。自冲突开始以来,各方就致力于将自己的观点作为唯一正确的观点来展现,丝毫不顾历史和事实。无论乌克兰军队还是民间武装都在坠落点附近使用俄罗斯制造的山毛榉-M1型防空导弹,这种导弹可能在高空击中MH17这样的飞机。

正是这样一颗地对空导弹在这条连接东西方的高频航线上一举夺去了298条无辜的生命，荷兰检察官弗雷德·韦斯特贝克赞同这一迄今为止最为合理的调查假设。他领导着一支国际团队，负责调查这起惨剧，他们也考虑俄罗斯方面给出的建议，后者称可能是乌克兰的战机击落了这架客机。韦斯特贝克深知他的调查的迫切性，但要研究完数以千计的照片、视频和目击者证言，他和他的团队还需要几个月的时间。灾难发生一年之后，美国尚未提供或可帮助确定发射方的卫星照片。

出生于1952年、第三次就任俄罗斯总统的弗拉基米尔·弗拉基米罗维奇·普京被当作击落马航的罪人，多年来他一直刺激着人们的想象力。“现在阻止普京！”马航坠毁后《明镜》周刊在封面上写道，并且暗示，克里姆林宫的主宰甚至亲自按下了发射按钮。“在这里，在乌克兰东部的荒原上，普京露出了他的真实嘴脸。俄罗斯总统撕去了伪装，他不再是一名政治家，而是一个应该被国际社会唾弃的贱民。”

“一个失败的标题。”如今的周刊主编克劳斯·布林克波默尔在几个月后自我批评般地承认。“是俄罗斯的错。”《南德意志报》评论道，至今没有一丝怀疑。“实力的展示。”《法兰克福汇报》评论道，并呼吁重整军备。“西方必须在经济、政治与军事方面加强防备并予以展示。”《商报》发行人加博尔·施泰因加特在一天之后说，他认为这句话“听起来就像是精神上的入伍通知”。

第二章　起源与发展

历史如何决定普京和默克尔的关系

2015年5月9日上午，克里姆林宫外的红场上气氛很轻松，即便正值俄罗斯举行战后规模最大的阅兵仪式之时。天空是明亮的蓝色，由暗红色花岗岩建成的列宁墓外面也竖立着蓝色的隔板。这是历史记忆与当今军事实力的展现，在救世主塔的钟声敲响时，编排精确的阅兵式于10点钟准时开始。1.6万名士兵和坦克、导弹从佩戴着勋章的退伍老兵与嘉宾的眼前经过，随后最新式的战机按照传统在天空中喷洒出俄罗斯国旗的颜色。

贵宾包厢中出现的面孔与往年不同。西方国家因乌克兰冲突拒绝参加庆祝战胜希特勒德国70周年的活动。因此弗拉基米尔·普京邀请了新的朋友来看热闹。中国领导人习近平、印度总统普拉纳布·慕克吉、前苏联各加盟共和国以及埃及和南非的总统都来了。联合国秘书长潘基文也参加了。

俄罗斯总统致开幕词的语调听起来很温和。他赞扬了1945年红军的“伟大胜利”，并提醒人们，苏联在第二次世界大战中死亡2 700万人，做出了最大的牺牲。普京没有忘记缺席的盟友，明确表达了对曾经的盟军的感谢。“我们感激英国、法国和美国人民为胜利做出的贡献，我们感激在各分战场无私战斗的各国，包括德国的反法西斯者。”

他没有提到列宁，也没有提到当时的最高指挥官约瑟夫·斯大林。俄罗斯的一名电视记者在这一天表达得更加直白，他在电视直播中指出，不应当忘记，约瑟夫·斯大林的名字是与古拉格、与劳改营密不可分地联系在一起的。此外，爱国主义爱的并不是权力，“爱的是国家”。

随后，弗拉基米尔·普京与成千上万群众一起，在莫斯科城中游行了一阵，许多人举着他们参加过“伟大的卫国战争”的父母或祖父母的照片。普京也举着他父亲的照片。这是出于自身的认同感与历史，无论西方参与与否都不会改变。气氛很祥和。大多数人都没有关注俄罗斯吞并了克里米亚。对世界政治格局的不同意见导致各国无法再次共同庆祝对纳粹德国的胜利，这一点只引起了轻微的摇头叹息。

最轰动的时刻到了。安格拉·默克尔与俄罗斯总统一起向克里姆林宫墙外的无名烈士墓献花。默克尔总理的哀悼被看作政治上的补偿，她因俄罗斯吞并克里米亚而拒绝参加胜利游行。一开始，一切还在按计划进行。军乐，想跟总理和总统合影的孩子们。这次访问的目的是在困难时刻向公众展示德国的善意，以传达愿意对话的信号，但几个小时后的联合记者招待会却失控了，电视上还直播了这场招待会。德国总理的身体语言表现出她尽最大可能与东道主拉开距离的意愿。满面愁容的安格拉·默克尔经验老到地看向摄像机，并在献花后口头表达了对东道主的行为的反感。

“吞并克里米亚的罪行是违反国际法的，再加上乌克兰东部的军事冲突，合作因此遭受了严重挫折。”她在莫斯科时只对另一件事又用过“罪行”这个词：在提到犹太人大屠杀时。弗拉基米尔·普京注意到了在全国性的纪念日出现的这种相提并论。他不置可否地忽略了这次毫无外交策略的猛烈抨击。形势很困难。偏偏是在这一天出现这种类比，他可没有忘记。

他虽然用自己的典型方式保持了理智，将这起轰动的事件当作普通的政治事件大事化小，但还是采取了行动。他在一个月后我们关于德俄新局面的谈话中克制地说：“她是七国集团中唯一到场的政府首脑。与战争有关的一切当然会引发情感和政治上的波动。”默克尔在这种情况下必须做出支持乌克兰的姿态，他将之视为预料之中的职业态度，但他当然是不赞同她的评价的。他说，至少不要忘了基辅引起多人死亡的政变，或者南斯拉夫和伊拉克战后秩序的变化。他熟练地列举了一长串西方国家的侵犯举措，随后突然得出了一个明确的结论：“德国总理并不代表别的欧洲国家，她只代表德国。这就是一次从她那个方面发起的冒犯。可她是客人，所以我选择了沉默。吵架是不合适的。”

默克尔的一名亲信说，将吞并克里米亚与大屠杀相提并论是个错误。还在飞往莫斯科的飞机上，为这次棘手访问准备的发言稿就已经被检查了一遍。在新闻发布会上，总理把手里的发言稿看错了行，看到说大屠杀罪行的那一行去了。这个解释倒也不是完全说不通。

安格拉·默克尔面临的难题是，弗拉基米尔·普京将这个所谓的失误完全当成了有意的羞辱。对于俄罗斯总统来说，在举国欢庆伟大卫国战争胜利的背景下保持沉默尤为困难，因为默克尔的失礼并不是孤立的事件。这种侮辱性的相提并论很容易让人想起波兰外交部长格热戈日·谢蒂纳的攻击，他在奥斯维辛集中营解放70周年前夕接受电台采访时声称，解放奥斯维辛的不是俄罗斯士兵，而是乌克兰士兵。波兰没有邀请俄罗斯总统作为解放者代表参加庆祝活动，而是邀请了刽子手的代表，德国总统约阿希姆·高克。

"有一点是肯定的，"著名历史学家格茨·阿利在《柏林日报》上评论道，"解放奥斯维辛的既不是波兰，也不是'西方国家''民间组织'或北约，而是苏联军队。因此，庆祝奥斯维辛解放70周年，却不邀请俄罗斯代表，是轻率的、无情的，是在政治上疏忽了。显而易见，波兰政府要对这个错误负责，而德国总理则扮演了无辜者的角色。"格茨·阿利也提到了具体的军事单位："乌克兰第一方面军第六十军的红军战士。他们的213名同志在解放奥斯维辛的战斗中牺牲。"

政治正确代替理性分析

"我必须如此，我的人民希望如此。"在最初的某次采访中，普京简短地回答道，那时我问的是西方价值观对他来说是否无足轻重。如同其他国家的领导人一样，弗拉基米尔·普京一丝不苟地通过调查来确定，他的大多数人民想要什么——德国总理也是如此。安格拉·默克尔的鲜明观点并非出于对德国舆论的预见天赋，而是出于适当的民意调查。在2009年到2013年的议会任期中，联邦新闻办公室进行了约600项机密调查——包括从某位部长的声望到政府项目的可接受度等内容。普京做的事情也差不多。

如果人们相信接受政府委托的机构与亲近反对派的列瓦达中心的定期调查，那么对于大多数俄罗斯人来说，这个世界是由很多敌人和很少盟友组成的。少数族群对权利和人权的要求并不是特别高，并且只有一小部分年轻人梦想加入欧盟。

在曾经的超级大国苏联解体后，许多人感到自卑。大多数人想要的是一个民主的俄罗斯，无须外部的帮助或建议——无论这种民主看起来是什么样的。人们对安全感的要求非常强烈，领土完整具有优先地位。与此同时，对外国人与移民的恐惧与日俱增。这就是弗拉基米尔·普京和俄罗斯的政治精英们的施政背景。研究结果可能招人喜欢或惹人讨厌。但你总得注意它。

正如默克尔也经常认同的那样，谁若是传播政治正确，而不去分析各方的利益，谁就错过了正确施政、达成谅解的机会，充其量只能交出一份自我实现的愿望清单。在个别情况下，这可以带来好的结果。但从长远来看，政治纲领的作用就跟新闻工作者工作守则的效果一样微乎其微。没有任何其他国家像我们一样根据个人状态来评判国家首脑。

恰恰是一个东德的自由德国青年团前干部和一名在德累斯顿生活过五年的苏联前特工，来就欧洲的和平进行谈判，这是历史的一个讽刺性错误。这两人都会说对方的语言，又一个偶然。但事情并不因此变得简单。在安格拉·默克尔政治生涯的开始阶段，关于她在东德与苏联占领军交手的故事在西方甚嚣尘上，据说苏联兵在这个前工农国家偷了她的自行车，而她曾经秘密投身于为波兰带来自由的团结工会，显然这对于任何一个拥有她这样身份的人来说都是影响深远的。

于是，她理所当然地成了德国联邦众议院里的反对派领袖，在伊拉克战争问题上全力支持美国，并且在当时的德国总理格哈德·施罗德同法国总统雅克·希拉克、俄罗斯总统弗拉基米尔·普京一起拒绝派兵时，指责施罗德缺乏民主意识。美国在一场可疑的新闻发布会上作为战争理由展现给全世界看的萨达姆·侯赛因拥有大规模杀伤性武器的证明，事后证实只是战争宣传。它们是伪造的。

尽管如此，务实清教徒的继承人美国仍然是全世界自由与和平的担保人，无论是在伊拉克战争中还是在世界各地爆发的冲突之中。美国国家安全局的丑闻暴露了美国如何建立了一个全球范围的监控系统，并无视朋友或盟国身份，毫无顾忌地做着监听默克尔的电话，或窃取德国公司的系统数据的勾当，但这也并没有成为让美国滚开的理由。自从德国联邦情报局在美国的帮助下成立以来，它就是美国情报机构的一个前哨，并在主权独立的德国也保留下来，它是权力的另一面，按照默克尔的逻辑，没有它是不行的。生活总有阴暗面，即使你站在正确的一边，也要大度一点。没有谁会像默克尔一样总是站在正确的一边，即使是她，还总是要不断调整。

“自由，美国就是为了它啊。她把这个国家的稳定最终也归功于它的自由。”默克尔传记的作者、《南德意志报》国际部主任，同时也是知名的美国依赖论者斯特凡·科内柳斯在《安格拉·默克尔：总理和她的世界》一书中写道。科内柳斯的评论与默克尔的信条颇为一致，他引用默克尔的话说：“将我们欧洲人聚集并团结在一起的（……）是对自由的共识。”科内柳斯揭示了默克尔的基本原则：德国的政策绝不可能违反美国的利益。

整个德国的遗产在安格拉·默克尔身上得到了特殊的表现。这位来自东德的总理偏爱东欧，她几乎以某种个人补偿的方式这么做，这产生了一个问题。默克尔以欧洲代孕母亲的身份解决波兰、波罗的海国家与俄罗斯之间的历史矛盾，这种努力在政治上是无效的。国家创伤只能以其自身的认同和当事人的直接接触来愈合，而不能通过对别人的痛苦感同身受的代理人的调解来平复。此外，这种尝试还长久地损害了德国与俄罗斯的关系。

普京与默克尔对权力和手腕的共同偏好，同样不能让沟通变得容易。他们俩有着共同的烦恼，一个人总能透过另一个人的公开声明看到她/他的底牌，并且很可能会发现对方根本就没有总体规划。

西方政治家中，安格拉·默克尔跟克里姆林宫打过的电话最多。但是，拿起听筒并不意味着能够自动认识到对方的利益，遑论认同它了。对于德国总理来说，"普京生活在另一个世界"。她曾悄悄告诉贝拉克·奥巴马，她不确定普京是否仍和现实世界有联系。默克尔在第二天的《纽约时报》上看到了自己的这段话。而这另一个世界也与我们息息相关，认识到这一点是一个艰苦的学习过程，需要熬过这个过程的不仅仅是德国总理府。

除了拥有对美国不可动摇的信念之外，默克尔还缺乏对正确的时间点和他国历史的敏感性，后者不止一次地引发了很难再次察觉到的误解。"文化智力"这一概念，以及宣称的德国应当从一个国家的经历入手来制定政策的考虑，这两样应当决定德国的外交政策，却在与莫斯科的关系中几乎察觉不到。

2013年6月在圣彼得堡的会晤是一个例子。这次会晤是例行公事。一个德国董事会主席代表团与安格拉·默克尔想与东道主就两国间经济合作的"现代化伙伴关系"的其他项目进行磋商。晚上，弗拉基米尔·普京与德国总理应当在冬宫共同为一场展览揭幕以展现善意。设定展览的主题需要敏锐的嗅觉，因为它事关艺术品劫掠。这座涅瓦河畔的著名博物馆与德国和俄罗斯的专家一起整理了埃伯斯瓦尔德的黄金宝藏，这是苏联士兵在战争结束时从德国带回国的。总理办公室传出消息说，安格拉·默克尔想就此机会发

表一番讲话。德国大使馆的观点是：这些宝藏应当从哪里来就回哪里去，应当运回德国去。关于这个问题已经争论了很长时间。俄罗斯认为，这些黄金是用数百万俄罗斯人的生命换来的，柏林方面了解这种想法，并予以了否定。

差异是炒作话题的绝佳素材，这是政治与媒体间流行的把戏。从柏林出发的那天早上，新闻发言人告诉群集的记者，克里姆林宫与德国总理府之间存在巨大分歧。俄罗斯人不希望默克尔发表讲话，但德国总理可不会被轻易禁言。假想的丑闻迅速散布。几个小时之后，《明镜》的网站上就出现了《圣彼得堡的艺术品掠夺：默克尔使与普京共同参加展览揭幕式告吹》。不止《世界报》一家媒体以此为头条：《默克尔与普京的会面告吹》。其他媒体也在跟进。

言论自由与普京的独裁姿态之间所谓的矛盾成了当天的兴奋剂。但这次会面并没有告吹。弗拉基米尔·普京于6月21日下午在圣彼得堡与安格拉·默克尔举行了亲密会谈，并提醒她第二天就是展览向公众开放的日子。

对于俄罗斯来说，这是一个非常特殊的日子：1941年6月22日，德军入侵苏联。这天早晨，当驻莫斯科的德国大使冯·德·舒伦堡伯爵的电话将苏联外长莫洛托夫从床上叫醒的时候，这次代号为“巴巴罗萨行动”的袭击早已全面展开。总理府的顾问或许会不清楚这段历史，但克里斯托弗·霍伊斯根这样的外交政策专家却不太可能不了解。对于俄罗斯总统来说，德国在这一天发表将这些黄金宝藏运回德国的言论，是国内政治上的一次侮辱。在德国媒体上却找不到对当天的历史意义的一丁点说明。

在弗拉基米尔·普京看来，过去几年是一段陌生化的时期。与其说是跟美国的陌生化，不如说是跟欧洲和德国。这是一段充满羁绊的关系。他的两个女儿都会说德语，曾经在德国上学。其他俄罗斯领导人都不像他一样有着深刻的德国烙印。1990年代初，作为家乡圣彼得堡的副市长，他推动了圣彼得堡与汉堡结为友好城市。在他的第一个总统任期内，法学家、前汉堡市长亨宁·福舍劳，与一小群德国法学家定期造访俄罗斯，为他制定新宪法提供咨询。更不用提格哈德·施罗德，这位社会民主党人、德国前总理了，在他第一次与弗拉基米尔·普京会面之前，外交顾问曾强烈建议不要跟普京握手，但他却和普京成了密友。德国与俄罗斯在政治层面上的特殊关系今天已经结束了。在德国总理府里，早就流行起了“政权更替”这个概念。

第三章　新规则抑或无规则

普京与美国的世界霸权主张

瓦尔代会议主题简明，与会者的圈子一目了然。来自美国、欧洲、中国的俄罗斯专家、前外交官、政治家、记者与历史学家彼此都认识，他们在索契机场登上备好的小巴，接下来的三天时间里，他们将在一家偏僻的酒店内进行讨论。自从克里姆林宫于2004年成立这个辩论俱乐部以来，会议每年都要举行一次。

2014年10月会议的主题是“新规则抑或无规则”。会议议程包括讨论该年的主要问题：乌克兰东部冲突、吞并克里米亚、西方制裁以及俄罗斯将面临的后果。核心议题是：谁将在何时何地为国际政治新秩序确定游戏规则。为此，莫斯科的政要来到了卡拉斯拉雅波利亚纳这个位于高加索山脉的滑雪胜地，就在冬奥会主办城市索契的上方。来到这里的人里有俄罗斯外交部长谢尔盖・拉夫罗夫与前国防部长、克里姆林宫的铁腕人物谢尔盖・伊万诺夫，以及有影响力的技术官员，如伊戈尔・舒瓦洛夫，他在政府中负责财政预算和经济政策。

在宏伟的玻璃宫殿的会议室里可以俯瞰新的冬季两项赛场，2014年2月，参赛者将在这块场地展开越野滑雪与射击竞赛，争夺奥运会的奖牌，而现在，政治精英们在为目前的困难局面努力寻找合适的应对姿态。气氛是轻松的，聚在一起的领导者们展现出了团结和乐观。人们普遍认为，西方施加的制裁是相当令人痛苦的。但是它也提供了机会，让俄罗斯可以重拾早就该完成的功课，贯彻经济改革。

政府班子的一致口号是：以抑制为纲。他们将危机当作意料之外的机会，它提供了很大的上升空间。尤其是大型国有企业，如俄罗斯天然气工业股份公司这样的巨头，还远远没有挖掘完现有潜力。换句话说：情况尽在掌握中，远没有1998年时那么糟糕——在俄罗斯人的集体记忆中，那一年的经济危机是这个国家近代历史上最为严重的一次。毫无疑问，目前的财政预算存在严重的浪费，必须大幅削减。但无论如何，俄罗斯是一个强大的国家，而它的总统是弗拉基米尔·普京。

弗拉基米尔·普京在活动结束时向西方传达的核心信息中，政治人物的出现仅仅是个前奏。在基辅独立广场事件爆发八个月后，俄罗斯总统将这次会议当作一个主题演讲的舞台。而这将是迄今为止他面对会议参与者所进行的演讲中最艰难的一场。政治清算与个人失望情绪的混合。他也非常肯定警告是针对谁发出的。“美国总是对其盟国说：我们有一个共同的敌人，一个可怕的对手，那个邪恶的帝国。我们美国为了保护你们而与之战斗，因此我们有权利命令你们，有权利要你们做出政治上和经济上的牺牲，有权利要求你们共同参与这场保卫战。不过，我们当然有监督权。”

俄罗斯总统继续说，虽然冷战在多年前就已正式宣告结束，但遗憾的是，并没有一份和平协议和明晰的规则，而这样的规则早就有必要存在了。其后果对于世界的其他地区来说是非常严重的，是对和平的威胁：美国作为自封的赢家，完全只按照自己的利益行事。它就像个突然得到一大笔财产的暴发户，不计损失地统治世界。

普京讽刺地指出："也许美国实施领导的方式——以及这种非常特殊的自我评价——对我们来说确实是福音。"他继续说："也许这种全球性的干预确实带来了和平、进步、发展和民主，而我们应该就这么放轻松？"他下句话立刻回答了这个问题："这是一种单方面的独裁，试图将它自己的模式强加给他人，具有相反的效果。"

对于俄罗斯来说，至少绝对清楚的是，这不仅仅关系到国际法的复杂性。莫斯科的政治阶层不仅将西方的制裁看作处罚俄罗斯的政治实例，还将它当作一场未正式宣之于口的战争的战略组成部分。其目的是：欧盟和北约进一步向俄罗斯边境扩张。在普京看来，西方打着自决和更多民主的旗号而宣布的道德圣战，实际上是继续削弱俄罗斯影响力的努力。这种双重道德标准的一个证据，就是指责俄罗斯总统试图复辟苏联。

弗拉基米尔·普京将继续与之斗争。"诸位肯定知道这么一句老话：朱庇特能做的事情，牛不能做。[1]我们不认同这种观念。也许能这么约束一头牛，但不能以此束缚一头熊。对我们来说，熊是针叶林的主人，它不会迁徙到其他气候区。那些地方并不适合它。它不会将针叶林拱手让与他人。"言下之意是清楚的。聚集在这里的

---

1 拉丁文谚语，Quod licet Iovi, non licet bovi，意为"只许州官放火，不许百姓点灯"。——译注

专家团队几乎没有提问。只有一位就职于华盛顿某大型律师事务所、曾在安全领域为美国工作的女性说客，还在试图简短而激动地阐述国际法和她从美国视角出发所理解的自由。此举更像是对其外交存在感的证明，而不是一个真正的反驳。

晚些时候，在晚餐时几名西方前总理和学者组成了小圈子，弗拉基米尔·普京再次向他们展示了西方罪恶清单的要点，这份清单已经深深地铭刻在他的意识之中。“他们在联合国安理会提出要求，要去轰炸利比亚，以阻止卡扎菲对民众做出同样的事情，而我们同意了。但最终西方只是利用这次干涉推翻了卡扎菲。他们实现了什么呢？什么都没有实现。一团糟。跟在伊拉克一样。你们那时候也发兵了。你们得到了什么？也没什么好处。现在在那边，伊斯兰国的极端分子跟成千上万名失意的前萨达姆政权退役士兵一起，要建立一个宗教国家。”

随后，在举起伏特加酒杯告别时，普京回顾了当天的话题：乌克兰。本次会议的主题是：新规则抑或无规则。

“我们没有开始。我们早就告诉欧洲人了，欧盟和乌克兰缔结的这份协议是有风险的，无论你们是要冲着我们来还是要跟我们走，无论是反对我们还是支持我们。这一步直接影响到我们的利益。”东道主总结了他的看法，“但他们在布鲁塞尔只是告诉我们，这跟我们无关。句号。谈话结束。其结果是一场颠覆。一个国家在经济上和社会上的崩溃。以及一场导致成千上万人死亡的内战。”

在高加索山中的这个10月之夜，弗拉基米尔·弗拉基米罗维奇没有再提起克里米亚。克里米亚自2014年3月18日起重新属于俄罗斯，只要他在任，克里米亚就会一直是俄罗斯的。在这一点上，他不容任何怀疑。

第四章　借方与贷方——一份临时账目

俄罗斯与西方地缘政治

午夜刚过，普京走进他位于莫斯科的办公室。我们约好了在2011年12月的这个晚上进行第一次长时间采访。弗拉基米尔·普京一如既往地迟到了——这一次到得尤其迟。团队中有位年轻女士在过去几个小时里每隔几分钟就拿手机打一通电话，问问弗拉基米尔·普京大概什么时候能到——她这么做主要是为了安抚她自己，工作人员也一再询问，能不能来一杯咖啡、茶或者干脆来一杯酒。

他礼节性地说，采访会比预计的时间长，在被问到北约在边境设立的导弹防御系统是否不像其声称的那样仅仅针对伊朗时，他笑了。随后，他给出了一个较长的答案："这些导弹防御系统覆盖了我们直到乌拉尔山脉的领土。它们使我们的一部分陆基核武器失效，而那些武器构成了我们国防力量的基础。所有专业人士都很清楚这一点。然而他们跑过来对我们说：别担心，伙计们，虽然我们搞了这些，但我们不会拿来对付你们，我们是好人，看看我们真诚的眼睛。"

对于弗拉基米尔·普京来说，导弹防御系统只是一个例子，说明西方并不认可俄罗斯在尽可能地使用和平手段应对苏联崩溃方面的成就。他老早就接受了历史对实际存在的社会主义所下的判决。他不能接受的只是，这场破产由领导者如此不专业地进行清偿。经过1991年12月的短短两周时间，苏联就不存在了，俄罗斯、乌克兰和白俄罗斯的总统在明斯克附近比亚沃维耶扎原始森林中的一座别墅里宣告了它的终结。几天后，克里姆林宫收起了镰刀斧头旗，代之以沙皇时代的双头鹰。

拥有近1.45亿人口的俄罗斯一夜之间成为曾经的庞大帝国的继任者。其他前苏联加盟共和国加起来的总人口差不多也是这个数字，它们在习惯了几十年的依赖后突然要学着用自己的双腿站立。同样在一夜之间，超过2 000万俄罗斯人突然发现自己身处异国，他们现在也要学着做一个外国人。这一争论直到今天仍未结束。这些情况就是为什么普京会在几年前说起“一场20世纪地缘政治大灾难”的原因。

他在圣彼得堡负责经济的时候很快就认识到，在全球化的时代，只有在投资者感觉良好的地方，才会有资本的流入。最好的条件就是，税率和工资都很低，而人民在艰苦的条件下依然保持平静。他那时在资本主义速成课中意识到，亿万富翁在自己的国家交税、尊重政府是多么重要。

不仅是被欺骗的感觉在烦扰普京。俄罗斯国家利益不被尊重，即使这个国家已经式微，也同样伤害到了他。在接下来的几个小时里，他不停歇地、几乎不换气地一边吃着俄罗斯饺子、喝着茶，一边详细讲述了欧洲的军事布局怎样不顾俄罗斯的感受发生了变化。由于苏联的军事同盟华沙条约组织随着苏联的解体而解散，北约迅速扩张。1999年，波兰、捷克和匈牙利加入北约。2004年，波罗的海各国连同罗马尼亚和斯洛伐克加入。2008年，克罗地亚和阿尔巴尼亚加入。“尽管在德国统一时我们曾经得到承诺，北约不会东扩。”

围绕这个承诺，多年以来都存在着激烈的争吵。它是新的东西方冲突的关键问题。可以肯定的是，没有一纸书面协议存在。但同样可以肯定的是，为此曾有过详细的讨论。在德国外交部的记录中，有一段德国外长汉斯-迪特里希·根舍与其苏联同行爱德华·谢瓦尔德纳泽在1990年2月10日的对话：“BM[联邦德国部长]：我们清楚，一个统一德国的北约成员国身份会带来复杂的问题，但我们可以肯定，北约不会向东扩张。”

无可争议的还有，美国人也曾认同这一观点，至少在当时如此。1990年2月9日，美国国务卿詹姆斯·贝克曾在克里姆林宫的叶卡捷琳娜大厅说，北约不会将它的势力范围“向东扩张哪怕一英寸”。

“什么都说过了。没有在国际协议中正式记录下来，应该算到当时苏联领导人的账上。”弗拉基米尔·普京说道，他让自己国家的政治家为这个后果严重的错误负责。“他们糊弄过去了，而现在有了句名言：不能把对话当成文件。”在这个晚上，在普京看来同样清楚的是，即便没有签名文件也有足够的证据证明，西方从一开始就对承诺的合作伙伴关系没多大兴趣。“后来发生了什么，您都可以读到。”俄罗斯总统在翌日凌晨跟我告别时建议，“读一读兹比格涅夫·布热津斯基吧。”

偶然抑或战略

美国前国家安全顾问兹比格涅夫·布热津斯基1928年出生

于华沙，曾为美国总统林登·约翰逊和吉米·卡特提供咨询，后来还为比尔·克林顿和贝拉克·奥巴马服务。跟他共和党的对手亨利·基辛格一样，他是民主党最有影响力的地缘政治家之一。作为一名在第二次世界大战的动荡中经加拿大来到美国的波兰外交官之子，他早在1997年就在《大棋局：美国的首要地位及其地缘战略》一书中详细描述了北约的扩张计划——即便他自己当时可能也还不相信，这个剧本能够一步一步得到实现。布热津斯基写道："在实践中，很难想象一个不与美国缔结共同安全条约的真正统一的欧洲。因此，想要或者被邀请与欧盟开展加入谈判的各国，在将来应自动居于北约的保护之下。"

他为未来的地缘战略所预言的时间表，也与实际几乎完全一致。比尔·克林顿领导下的民主党政府在1990年代着手开创的事业，由其共和党的继任者乔治·W. 布什继续推进，再其后的贝拉克·奥巴马也是如此。布热津斯基说："在此期间，欧盟将与波罗的海三国展开加入谈判，北约也将推进解决这些国家以及罗马尼亚的成员国问题，它们的加入大概会在2005年完成。在这一阶段的某个时候，其他巴尔干国家可能也会满足候选国的条件。(……) 2005年至2010年之间的某个时候，乌克兰应当会准备好与欧盟和北约开展认真的谈判，尤其是如果该国在此期间在内政改革方面取得显著进展、更明显地展示出自己中欧国家的身份。"

弗兰克-瓦尔特·施泰因迈尔从自身经验中了解到，为何此时到了东西方之间新的对决时刻。这位社会民主党人在21世纪初先是出任施罗德政府的总理府部长，后在2005年至2009年的社民党-基民盟大联合时代任外交部长，此时危机开始升级。他对乌克兰冲突事件过程的不适是显而易见的，像他这样的外交官喜欢用提问的形式公开表达批评和自我批评，在基民盟-自由民主党的黑黄联盟执政结束之后，施泰因迈尔在2013年底再次就任外交部长，但他在这次就职演说中提出的问题，早就得到了回答。“我们必须扪心自问：我们是否低估了这个国家[指乌克兰]是多么分裂和脆弱；我们是否没有看到，让这个国家在欧洲和俄罗斯之间二选一，并非其力所能及；我们是否低估了俄罗斯的决心，俄罗斯跟乌克兰在经济上，更在历史感情上紧紧地联系在一起。”

施泰因迈尔的前任基多·威斯特威勒的时代，是近些年的德国历史上外交部几乎无所作为的时代。早在威斯特威勒上任之时，美国驻德国前大使菲利普·墨菲在写给他国务院同事的信中就称，新的德国外交部长是个“未知数”，并且“显然与美国的关系很矛盾”。因此，在一些重要情况下，美国国务院宁愿直接找德国总理府。默克尔的外交政策顾问克里斯托弗·霍伊斯根成了“某种意义上的影子外长”，《明镜周刊》如此写道。

当美国决定乌克兰可以做什么、不可以做什么时，德国总理府自然全盘同意——后面还将看到这一点。再加上布鲁塞尔的官僚主义，尤其是前欧盟委员会主席若泽·曼努埃尔·巴罗佐，以其非此即彼的政策给乌克兰施加了大量压力，该国被迫在东西方之间做出选择。德国前总理赫尔穆特·施密特在2014年攻击欧盟说，欧盟委员们“过多地干涉了世界政治，尽管大多数委员其实什么都不懂”，正如在“吞并乌克兰的尝试中”所能看到的那样。冲突让他想起1914年第一次世界大战之前的局势。两者之间“越来越相似”。他不想让第三次世界大战一语成谶。“但像在1914年8月那样，局势逐渐恶化的风险与日俱增。”

乌克兰与俄罗斯之间的离婚判决书是欧盟于2014年5月底公

布的官方文件，厚逾千页。这份文件由1篇序言、7个章、486项条款、43份附录以及各种协议组成，以荒唐的迂腐气规定了基辅与新的合作伙伴欧盟之间的关系。为此，大批官员和政治家多年来穿梭往返于基辅与布鲁塞尔之间，起草公开声明，提出要求，发出威胁，或者用承诺蛊惑人心。

每个细节都被精确地列出来。它们涉及金融业和强制性工业标准。比如，什么东西的进口附加税是多少，未来要缴纳多长时间。除此之外，有几百页都在一丝不苟地对“活体动物与动物制品”做出规定。“至少已生产过一次、体重在160千克及以上的母猪”出口到欧洲时要缴纳8%的附加税，但活鸡则可以免税出口至布鲁塞尔。“去毛、去内脏、去头但保留脖子、心脏和肝脏”的话则更贵。那要支付15%的关税。

这份协议的正式名称是《欧盟及其成员国与乌克兰联合协议》，它详细规定了哪些种类的鱼在出口到西方时需要缴纳附加税，而哪些不需要；贻贝和各种墨鱼适用哪些条款；每吨乌克兰小麦应缴纳168欧元附加税，以保护欧盟农民应对来自乌克兰的竞争。

涉及人类的条款则没有这么详尽。乌克兰人总有一天可以无须签证就进入欧盟的美丽新世界。前提则是，要满足特定的法律、组织和政治条件。这个时间点尚未敲定。示威者的许多期望在这份协议的一项条款中得到了体现：“鉴于认识到在适当时候引入乌克兰公民免签证旅行的规定非常重要，只要管理完善、安全灵活的条件得到满足”，这个问题将在接下来的几年内“通过缔约双方高级官员与专家的定期会晤”仔细协商。

乌克兰与曾经的合作伙伴俄罗斯分手过程中的公开结算在2015年12月变成了一场灾难：9 000多人在暴力中丧生。这个国家破产了，分裂了，这种状态还将持续多年。自2014年2月的基辅政变之后，欧洲再一次进入冰期。冷战显然只有一个短暂的停顿。对于欧盟来说，这种形式的东欧伙伴是极其昂贵的。专家估计战争的后续成本将达到几千亿欧元，还不算在该国东部造成的大范围破坏。即便是弗拉基米尔·普京也将付出高昂的代价。俄罗斯的民族主义正在抬头。俄罗斯的经济自从2008年以来就陷于最深的危机中。不仅是由于制裁，还因为油价下跌。不过在吞并克里米亚之后，克里姆林宫的领导人在国内的支持率前所未有地高。

“克里米亚土地上的一切都浸透着我们的历史、我们共同的骄傲。”普京在庆祝仪式上解释了将这座半岛和塞瓦斯托波尔市纳入俄罗斯的民族主义动机，他显然为这一刻和自己而动容。2014年3月18日，不仅俄罗斯的政治高层起立鼓掌、庆祝普京在克里姆林宫的格奥尔基耶夫大厅讲话的历史时刻，总喜欢在黑海度假的俄罗斯民众的神经也被触动了。

“克里米亚——那就是塞瓦斯托波尔，一个传奇的城市，一个有着伟大命运的城市，它是黑海舰队的故乡。”当然，他曾经以为，“乌克兰会是我们的好邻居”。“但是局势开始往另一个方向发展了”，而“俄罗斯人和乌克兰的其他公民遭受了长久的政治危机，这场危机早在二十多年前就动摇了乌克兰”。

欧洲各国政府都感到困惑。他们没有想到这一反应，并公开猜测为何会走到如此地步。普京说，这不是他们的错。他们只是想要最好的。

“没有人能够预见到，我们快速陷入了自冷战结束以来最大的危机之中。”德国外交部长弗兰克-瓦尔特·施泰因迈尔在2014年4月为他职业上的失败道歉。这成了政治家为了证明自己的无能和政治发展的必然性留给后世史书的经典言论。德国总理也喜欢使用类似的老生常谈，以召唤政治必然性那不可避免的逻辑，可惜她拼尽全力也无法阻止这种必然性生效。“在这个问题上没有其他选择。”每当安格拉·默克尔决定强行贯彻她的设想时，总是祭出如是金句。如此一来，仿佛冲突是一夜之间出现的，仿佛在经历了两次世界大战之后，政治的根本任务不是对这种类型的冲突防患于未然。

在第一次世界大战爆发一百年后的今天，“无能为力”的借口并没有变得更好。这个借口在当年就是错的。政治家们出于职权主动参与制造冲突。前德意志帝国总理莫里茨·奥古斯特·冯·贝特曼-霍尔韦格曾在大战前夜致电德国驻维也纳大使：“如果发生大的冲突，必须给俄国打上侵略者的标记。”德意志帝国推动了哈布斯堡家族对塞尔维亚的战争，它明知道接下来就会将俄国扯入战争。汉堡历史学家弗里茨·费歇尔1961年在他的作品《攫取世界霸权》中揭开了“德国在某种程度上毫无恶意地加入第一次世界大战”这一普遍观点的神秘面纱，由此引发了联邦德国历史上最激烈的历史学家大争论之一。自那以后，政治家的标准借口不再适用了。总是试图将冲突升级嫁祸于他人的行为，是跟政客职业一样古老的。

当然，目前的危机与当年的有所不同。但近年来，德国从来都不是西方与俄罗斯之间无辜的中间人，反而总是参与到莫斯科与乌克兰的冲突之中。不顾莫斯科的许多抗议，努力将北约和欧盟的边界推进到克里米亚，这是安格拉·默克尔促进并最终批准的一个错误的决定。这么说并不是在对她的政策进行道德评价，而是关系到一个根本的问题：政治家为了贯彻自己的想法，能够接受付出多大的代价——这跟乌克兰冲突到底是两种社会制度的斗争还是地缘政治的对抗抑或两者兼而有之无关。

弗拉基米尔·普京可没少给出警告。无论是在2001年访问德国联邦议会时，还是在2007年出席慕尼黑的安全会议时——他的抱怨始终包含同样的中心思想：缺乏信任，不能在苏联解体后将俄罗斯作为平等对手来尊重并与之共同寻求和遵守游戏规则。

早在第一次，也是迄今为止最后一次在柏林的国会大厦中亮相于德国议员面前时，这位当时就任仅一年的新科总统谈到他面对新的西方伙伴以及他所开拓的北约合作伙伴关系问题，就很少打官腔。"如今，时常有决策不经与我们商议就做出了。然后又要求我们一定要确认它们。（……）甚至说什么，没有俄罗斯，这些决策就不可能实现。——我们倒是要问了，这是不是正常的，这是不是一种真正的合作伙伴关系？"——"我们仍生活在旧的价值体系之中。我们在谈论伙伴关系。事实上，我们还根本没有学会互相信任。"

十多年后，他的这些判断并没有什么改变。

第五章　愿望与现实

新任前总统和2012年的抗议行动

2012年6月，索契的一个温暖的夏日。这座城市矗立在高加索山脉的阴影之中，纬度同法国尼斯一样高。从这里，黑海海岸线向东南延伸150公里到达格鲁吉亚边境，向西北延伸300公里到达克里米亚。夏宫“博恰罗夫小溪”位于新索契区一条蜿蜒曲折的道路的尽头。克里姆林宫的历任主人总是到这座俄罗斯海滨的宫殿来度假：约瑟夫·斯大林、尼基塔·赫鲁晓夫、列昂尼德·勃列日涅夫、鲍里斯·叶利钦。美国总统老布什、德国总理格哈德·施罗德和安格拉·默克尔以及英国首相戴维·卡梅伦也曾对这里进行过正式访问。

平静无波的水面上，两艘俄罗斯军舰在午时的热浪中摇荡。在宽敞的露台上，东道主手指黑海，在午餐前给客人们上了一堂俄罗斯历史课。“克里米亚就在这个方向上。”弗拉基米尔·普京说道，开启了一场详细的讲座。俄罗斯总统擅长长篇大论。他说，那里是俄罗斯和乌克兰共同的摇篮。而且，几十年来，俄罗斯的黑海舰队一直驻扎在濒临黑海的这座半岛上，这是俄罗斯伸向地中海的跳板。这一传统可以追溯到叶卡捷琳娜大帝，她在1783年重建了港口城市塞瓦斯托波尔。

“你们知道，”弗拉基米尔·普京补充道，“叶卡捷琳娜大帝是德国人，在嫁给俄国沙皇之前，她叫索菲娅·奥古斯特·弗里德里克公主。”这场婚姻，说得客气一点，跟幸福全不沾边，而是她在俄国开启非同寻常的辉煌政治生涯的跳板。1762年，她的丈夫彼得三世签下退位诏书，并在几天后死亡，死因不明。这位来自德国的公主在沙皇的宝座上统治了俄国34年之久。

尼基塔·赫鲁晓夫曾任乌克兰第一党委书记，1953年他被选为苏共中央委员会第一书记，一年之后，他大手一挥将克里米亚半岛慷慨地划给了当时的乌克兰苏维埃社会主义共和国，以展现三百年来俄罗斯与乌克兰之间的手足之情。这一步在普京和许多俄罗斯人看来是至关重要的。当年，所有人做梦也不会想到，苏联在几十年后就会分崩离析，而克里米亚会脱离莫斯科的控制范围。在俄罗斯人的集体意识中，克里米亚自古以来就是他们领土的一部分。

普京说，毕竟那里大约60%的人口是俄罗斯裔。1991年宣告独立后，经过长时间的争论，即便是乌克兰也承认了这一点。作为向多数人口的妥协，这座半岛自此正式更名为克里米亚自治共和国。它有自己的议会，首都是辛菲罗波尔。指令来自基辅，而不再来自莫斯科。经过长时间的博弈，2010年，德米特里·梅德韦杰夫与时任乌克兰总统的维克托·亚努科维奇将黑海舰队的驻扎协议延长到了2042年。亚努科维奇自卸任之后一直流亡俄罗斯，人们普遍认为他与普京的关系很糟糕，但在这个下午，普京对此未予评价。他很冷漠，只是暗示，他们俩认识很久，并不怎么称得上朋友，这辈子估计也不会成为朋友。

索契这座拥有34万居民的亚热带城市申请并获得了2014年冬奥会的主办权。对于俄罗斯总统来说，又多了一个经常来索契的理由。这里的夏宫是他最喜欢的地方之一。在2012年6月的这些日子里，这位刚刚从旧位子上退下来的俄罗斯领导人在黑海之滨享受假期。四周之前，弗拉基米尔·普京为他的第三个总统任期宣了誓。他的政治盟友德米特里·梅德韦杰夫的临时统治已告结束。

俄罗斯宪法规定，总统只能连任两届，因此普京和梅德韦杰夫在四年前达成内部协议，不仅俄罗斯的反对派，还有西方也遭受了挫败：2008年梅德韦杰夫在他的支持下竞选总统，而普京自己就任总理。谁将在四年后接任，要由民意调查来决定。按照他们的非正式协议，谁得到较高的支持率，就自动成为下一任的候选人。

与预期不同，德米特里·梅德韦杰夫尚未做好自愿腾出权力宝座的准备。幕后的斗争持续了一年多。早在2010年底，他就告知他的团队，他要参加大选。“英国广播公司（BBC）得到有力证据，证明梅德韦杰夫正在考虑竞选连任。”记者史蒂夫·罗森堡12月从莫斯科报道。梅德韦杰夫自己在一年后告诉《金融时报》：“当一个人占优势的时候，他会发现自己很难放弃。政治竞争对于经济发展来说是很重要的。”

他的追随者散布消息说，普京总会有份工作的。奥委会主席，或者联合国秘书长，怎么就不行呢？

为了增大自己获胜的可能性，梅德韦杰夫与国防部长阿纳托利·谢尔久科夫结成联盟。前财政部长阿列克谢·库德林描述了一次内阁全体会议上的对决："普京的内阁已经做出决定，要在未来十年增加3 450亿欧元军费预算，梅德韦杰夫许给国防部长的却是这个数字的两倍多。"库德林是普京最老的政治盟友之一，也曾公开宣称反对梅德韦杰夫。"我表示反对，因为那样的话我们就要削减社会福利。普京接受了妥协。要投入更多的钱，但不会超过5 000亿。"

2011年1月，分歧又出现了。"这次是因为梅德韦杰夫还想提高军队、警察、情报部门和总统卫队的工资。"库德林描述了难以驾驭的梅德韦杰夫采取的政治博弈以及他向国家安全机关邀买人心的举动。"我反对，想要辞职。普京请求我留下并制订方案。在这一点上，他不想跟梅德韦杰夫争执。"

梅德韦杰夫的谋划未能得逞。在内部政治圈子里，前总统碾压现任领导人。普京不仅有更高的公众支持率，还有更好的人际关系。

在他位于莫斯科郊外的官邸书房里，俄罗斯总理德米特里·梅德韦杰夫背靠红色真皮沙发，矢口否认关于2012年谁应该当总统有过争议。"在我上任的时候我们就已经商量好了，下一次应当让弗拉基米尔·普京再次就职。我们想给俄罗斯提供长期的安定。"当我问起他当年发生的事情时，他给出了自己的版本。他跟阿列克谢·库德林关系不好，这没什么可隐瞒的。他解雇了这位财政部长，是因为后者曾公开宣称，不愿意在权力交接之后在未来的总理梅德韦杰夫手下工作。"每个系统中都有服从关系。"他略显啰唆地说。换句话说就是：上级大过下级。他坚持自己的说法：他和普京有时候确实想法很不同，但那绝不是对决。在那个晚上，德米特里·梅德韦杰夫谈了很多，但主要谈的都是要共同承担的工作，对其余的则闭口不提。

即将再次与弗拉基米尔·普京，而不是他的廉价前任打交道，这一前景无论在华盛顿还是在柏林都没有引起兴奋。白宫表达了对梅德韦杰夫卸任的遗憾，弗拉基米尔·普京将之视为对其个人的羞辱，也是对他第三次竞选总统的批评。在他看来，这些言辞是一种进攻行为，是对俄罗斯内政的挑衅性干涉。谁要是在国外公开认定支持一位俄罗斯政治家，他在政治上就无可救药了。“到底哪里不合法了？”法学家弗拉基米尔·普京问道，“我所做的一切完全在宪法规定的范围内。我们在议会里占三分之二多数，我们本可以改掉只能连任两届总统的限制。但我们没有这么做。在你们德国，阿登纳或者赫尔穆特·科尔掌权了几年？”他雄辩地补充道。这是这个夏日的午后他唯一显露的一点锋芒。他最终实现了目标。他赢得了大选，四周以前，他在克里姆林宫发表了就职演说。

抗议与结果

2012年5月7日上午去巴尔舒格凯宾斯基酒店接德国前总理格哈德·施罗德参加就职典礼的那位司机过于准时了，其实他完全不用担心这个周一上午的交通。施罗德乘车到俄罗斯的权力中心只需要几分钟时间。克里姆林宫近在咫尺，就在莫斯科河对岸几米开外。这天上午，克里姆林宫门前黑色轿车排成长龙。进行政治接力棒交接的国家庆典几个小时以后才会开始。2 000名受到邀请的贵宾走向亚历山大大厅，将在那里庆祝前总统，同时也是新任总统弗拉基米尔·普京第三次就职。剪着短发、身材敦实的安保人员检查得非常严格。如果没有邀请函和通行证，即便是贵宾也不许入内。

警察将莫斯科市中心的街道封锁得密不透风。示威者们没有机会阻挡普京驶向庆典地点的车队。这些安全措施是对前一天的群众集会做出的反应。它就发生在距离庆典地点一步之遥的地方，以警察与示威者之间的血腥殴斗为终结。反对派失望透顶，怒火攻心，他们的政治诉求激进且不切实际。这些人要求“停止就职仪式”并“重新举行总统和议会大选”。

莫斯科当局经过与组织者长时间反复磋商达成协议，让示威者计划的穿过莫斯科市中心的“百万人大游行”以大型集会的方式在邻近的博洛特纳亚广场结束，尽管在莫斯科可能无法找到能够容纳一百万人的地方。

让抗议者们躁动不安的，首先是对上一年12月的议会选举中存在大规模舞弊和欺诈的指控。反对派给执政的统一俄罗斯党打上了“小偷”和“骗子”的标签。选举委员会必须应付成千上万的投诉。弗拉基米尔·普京也做出回应，给2012年3月4日总统选举中的九万多个投票站加装了网络摄像头。这是人们第一次能够通过互联网追踪选举结果，反对派的选举观察员在网上也找到了这样或那样的操纵行为。但这不能撼动普京在2012年3月4日的彻底胜利。只有他的对手的失望情绪在持续增长。

典礼举行以前的24小时博洛特纳亚广场上究竟发生了什么，对此分歧很大，意见取决于政治立场。在示威者尝试偏离规定路线、走向克里姆林宫时，警方介入了。人权活动人士指责大规模突击部队无节制地使用暴力，也指责激进的示威者对冲突升级同样负有责任。数百名活跃分子被捕，许多人受伤——也包括警察。关于示威者的人数，双方给出了不同的回答。当局认为是8 000人，而组织者则称有4万人参加。

这一次，出了名地爱迟到的总统，确确实实准时到达了。莫斯科时间中午12点，总统的奔驰座驾在摩托车护卫队的引导下驶过莫斯科市中心空无一人的街道，停在克里姆林宫的大门前。权力的展现是经过精心策划的。普京踏上红毯，经过格奥尔基耶夫大厅夹道欢迎的贵宾，走入亚历山大大厅，最终要在安德烈大厅接受权力的象征。国家电视台与其他五家媒体现场直播了就职仪式。俄罗斯看着新任总统手按宪法宣誓："保卫国家的主权与独立、安全与领土完整，忠实地为人民服务。"

在克里姆林宫不对外开放的部分，工作人员为这天的庆典准备了小型午餐会。普京所邀请的十几位客人中，既没有俄罗斯军队的将军，也没有俄罗斯情报机构的头领。受邀的都是他的多年老友，我是在午餐会之前不久接到邀请的。在座的有前任总统德米特里·梅德韦杰夫和他的妻子斯韦特兰娜·弗拉基米罗夫娜。三位客人来自德国，一位来自意大利。还有一位瑞士人、一位法国人和一位来自布达佩斯的朋友。普京的妻子柳德米拉·亚历山大罗夫娜坐在他的身旁。这对夫妻早已分居多年，不久之后就将离婚。放松下来的总统逐个介绍客人，解释他与每个人的关系。

接下来的两个小时基本没有谈论政治，跟许多政治家一样，弗拉基米尔·普京能根据心情或预期效果点亮或者调暗自己的表情。他很快收起了在宣誓仪式上和观看克里姆林宫庭院内举行的小型阅兵式时所采取的那种政治家的姿态，换上了一种放松的语调。他的言谈带着些许自嘲，比如说他再也不是最年轻的那位了，或者问邻座他们的头发数量和颜色是否还是真的。餐桌上摆着薄饼和鱼子酱、罗宋汤、来自拉多加湖的鱼，还有猪排。只有德米特里·梅德韦杰夫和他的妻子让人察觉到，他们不是现在最幸福的人。一个小时以前，这两人就不再是俄罗斯第一夫妇了。不过无论如何，俄罗斯议会在第二天将再次选举德米特里·梅德韦杰夫为总理。他还将出任执政党主席。

那天晚上，弗拉基米尔·普京还实现了一个儿时的梦想，为此他在过去的几个月里抓紧每一分钟的空闲时间训练。他与客人们驱车前往位于乔金斯基大道的梅加体育场，在那里与苏联时代的传奇球星们打一场冰球。他要赢，还要进两个球。这些前职业球员们和总统年纪差不多大。这场比赛显然比总统大选有趣多了。

选举与真相

过去几个月里，弗拉基米尔·普京在他漫长的职业生涯中，第一次感受到来自公众的逆风。首先是2011年12月的议会选举之后爆发了大规模抗议，给他造成很大麻烦。俄罗斯各城市中数万人示威游行反对选举舞弊——尽管选举结果限制了执政党统一俄罗斯党的权力。该党虽然获得了超过49%的选票，但是痛失了77个席位。它失去了以前能够借以通过任何一条宪法修正案的三分之二多数，只剩下绝对多数。

“事实上（……）是普京培植了那些现在在大街上反对他的人。”作家、莫斯科上层中产阶级的代表、普京的反对者维克托·叶罗费耶夫2011年在一次采访中承认道，“过去十年，我们走过了非常重要的一段路。今后，普京不会与人民取得一致。我这么说吧：普京和他的道德价值都过时了。他在某种程度上使国家强大，并提供了自由。我们对此表示感谢，但我们必须继续向前走。”

通过脸书或推特这样的社交网络发起的动员惊动了克里姆林宫的战略家，他们十周后就将启动总统大选的白热化阶段。只有新闻发言人在选举一结束就立刻用不同寻常的温柔语调对示威发表了评论。德米特里·佩斯科夫谨慎地说，每个人都有表达自己意见的权利。“我们尊重示威者的意见，我们听到了他们的诉求，并将继续倾听。”

阿列克谢·库德林的反应则更为明确。这位长期担任财政部长的普京亲信公开露面，谴责选举舞弊，要求重新举行选举。“跟你们一样，我也被议会选举结果在我们国家引起的负面情绪影响到了。”他在一封致抗议者的公开信中写道。普京一开始表现得很克制，只对美国国务卿的公开声明做出反应：希拉里·克林顿在选举后第二天对选举过程提出了批评。

“最初的报道提出了质疑。”希拉里·克林顿说。她正在德国进行访问。在一场临时安排的新闻发布会上，她对投票过程表示“极度关切”，并要求“对所有关于俄罗斯选举中欺诈和操纵行为的可信报告进行全面调查”。多年以来，美国一直以民间团体的名义资助俄罗斯的非政府组织“呼声”，此次该组织向各地投票站派出了共数百名选举观察员。“呼声”组织良好，是反对派不可或缺的组成部分。

普京反感此言，立即给出了答复。他在一次会议的间隙对着摄像机不经意地说：“我注意到了我们的美国朋友的第一反应。国务卿所做的第一件事就是对选举做出刻画和评估，她说这次选举是不公平、不公正的，即便欧洲安全与合作组织的观察员尚未形成文件。”他继续说道，希拉里·克林顿为“我国某些活动家定下了调子。他们听到了这些信号，在美国国务院的支持下开始卖力工作”。他强调，与美国相反，俄罗斯政府欢迎“外国选举观察员监督我们的政治、我们的过程。我们支持，而不是反对这种做法”。

在普京看来，希拉里·克林顿的言论是一种策略，是美国想要将他逐下权力巅峰的又一个证明，采用的是美国推动乌克兰2004年“橙色革命”的那种手段。那时基辅的示威游行给他留下了深刻印象，在他看来，这种手段也会使俄罗斯产生动荡。“您相信这一切都是巧合吗？”这些天我们继续对他进行采访录像时他反问，随后自答道，“我是不信的。”克里姆林宫早就讨论过，针对外国势力通过资助反对派施加影响他们能够做些什么。12月的事件使普京和他的团队坚信，在可预见的未来有必要采取严厉措施。

希拉里·克林顿的国务院发言人毫不讳言美国支持了俄罗斯反对派：“在选举之前，美国为民间团体提供了超过900万美元的资金支持并提供了技术培训，美国还将继续这么做，以实现自由、公正、透明的选举。”

接下来的几天里，普京比以往更加专注地研究每天早晨送到他办公桌上的舆情报告。民意调查显示，总统大选尚无风险，其他候选人无法从不满情绪中获益。将执政党主席的位置交给梅德韦杰夫的策略继续执行，尽管他从未正式加入过统一俄罗斯党。除了反对派之外，几乎没有人将他与面对重重困难的统一俄罗斯党联系在一起。无论是在为政府工作的研究所还是在亲近反对派的列瓦达中心，都看不到总统位置的有力竞争对手。问题只是，普京的胜利会达到什么样的程度。民意调查专家得出了相似的结论，支持率在55%到63%之间浮动，这取决于调查的不同时间。调查显示，即便是在博洛特纳亚广场上最大的反对集会爆发之后，也只有18%的俄罗斯人赞同“没有普京的俄罗斯”这一口号。绝大多数民众断然拒绝了这一要求。

弗拉基米尔·普京仍然受到了影响。几天以后，在每年例行的圣诞前夜电视会议中，令他的顾问们吃惊的是，他采用了一种“很少外交辞令”的策略。民众提问，弗拉基米尔·弗拉基米罗维奇给出回答，这是一场超过四个小时的马拉松式直播。这位总统候选人先是嘲讽，然后开始挖苦。如果说他看到的那些示威现场的年轻人都是“普京政府的产物”的话，那“倒挺不错”。他继续说道：示威者当作抗议标志别在领口上的白色丝带，他确实“一开始当成了避孕套”。“避孕套”在俄罗斯是个骂人的词，一般用来说失败者。普京将反对派看作失败的一方，这是无可置疑的。他们“没有统一的方案，找不到实现自己目标的办法”。

当晚节目播出后，目睹了全程的顾问人员中间爆发了讨论，激烈程度不亚于普京出场时候的讨论。顾问们的批评是明确的。普京错误地估计了情势，不必要地将语调尖锐化了。普京的愤怒也不比他们少，他感觉自己受到了攻击，花了一个长周末跑去西伯利亚度了个计划已久的假。他要在那里打猎，还要与朋友和政治盟友、长期担任国防部长的谢尔盖·绍伊古探讨局势。普京对大城市中不断壮大的中产阶级的研究分析非常熟悉。他的朋友库德林所提出的与反对派对话的建议他也听到了。他会考虑的，他说，却在几天后予以拒绝。库德林再来游说时，他反问道：“我到底要跟谁对话，具体说些什么？”

他认为，大城市的反对者在这次选举中是无关紧要的。他说，选举要在农村取得胜利。他是正确的。作家维克托·叶罗费耶夫在投票前不久总结了俄罗斯大城市中产阶级的内部矛盾。“尽管存在腐败，尽管有记者遭到谋杀，尽管普京蔑视他的对手，尽管他还犯下其他许多错误，但俄罗斯仍然前所未有地自由，从没有过现在这么大的自由空间。人们有时候想把普京的成就跟普京本人一起清除。如果民族主义者上台，那就太可怕了。”

2012年3月4日，普京获得了近64%的总选票，赢得了大选。排在第二位的是俄罗斯联邦共产党领导人根纳季・久加诺夫，他只赢得了17%的选票，远远落在后面。亿万富翁米哈伊尔・普罗霍罗夫是俄罗斯最富有的人之一，代表中产阶级参加竞选，获得了8%的选票。但是这次竞选让普京第一次感受到了极限。

周日晚投票站关闭后，新老总统一起出现在莫斯科市中心驯马场广场上欢呼的支持者面前，此时紧张的情绪得到了宣泄。“我答应过你们，我们会赢的——现在我们赢了。”他对人群喊道，眼泪流过他的脸。为重返总统之位，普京付出的比他公开承认的多得多。他确实注意到了西方在这次选举中的活动，他将从中得到教训。

在竞选期间，从德国媒体上很难看得到具体的力量关系。评论暗示着“中产阶级的反抗”。报道将“百万人大游行”的睿智口号当作改朝换代的可能标志。即使不能马上，至少也将在可预见的未来实现。看上去，普京时代终结显然只是个时间问题，有可能就在几个月内。在目前的媒体行业内，不确定性几乎是不可忍受的。这几周里，将示威者与记者连接在一起的黏合剂，就是共同为正义的事业而战斗这一令人愉快的想法。

反腐败、更多法律保障、民主——现在俄罗斯也将得到它们。作为记者肩负起一项正义使命，而不是去报道发生了什么、怎么证明，这种想法是很有诱惑力的。直播选举时，人们对一场“阿拉伯之春”或“橙色革命”之类运动的渴望无比强烈。报道的密集性掩盖了一个事实，即这最多只是莫斯科或圣彼得堡这样的大城市的观念和印象，它是支持一场可能的起义的愿景。

而反对派的政治纲领具体是什么样的，行动者想要什么，我们对这些几乎一无所知。反对派中最知名的人物阿列克谢·阿纳托利耶维奇·纳瓦尔尼的具体规划是什么样的，这些文章中丝毫没有提及。只知道他是一个著名的博主，长得挺帅，激烈地反对腐败。而与他截然不同的反对派人士，如左翼阵线的领导者谢尔盖·乌达尔佐夫想要什么，前副总理鲍里斯·涅姆佐夫与他究竟有没有联系，关于这些的报道也很少。

当然，谁阻碍了民主的觉醒是毫无疑问的：弗拉基米尔·弗拉基米罗维奇·普京，根据报道者的不同偏好，他被描述为独裁者、大男子主义者，最好的说法也是政治界的黑帮大佬。按照这些公开控诉的逻辑，俄罗斯的恶劣处境是总统意志的直接结果——绝不可能是社会发展的结果。

俄罗斯总统很快将成为历史，这一愿望在选举日并没有实现。与现实打交道需要辩证能力。对于为何没有发生政治动荡诊断一番之后，媒体并不认为原因在于自己判断错误，而是认定俄罗斯选民显而易见地不成熟。

“明镜在线”写道，虽然普京重返克里姆林宫毫无疑问是黑暗阴谋的证明，“如今的总统大选确实遭到了操纵”，但不得不承认，普京毕竟以某种方式获得了大多数选票。然而这是“错误的大多数”，选举结果公布不久后新闻标题这样写道。“支持普京的大多数是数量上的，而不是质量上的。”文章认为，不是莫斯科和圣彼得堡星巴克咖啡店里年纪轻轻、朝气蓬勃的城里人，而是只有那些麻木不仁的退休人员、医生、教师、教授、军人和情报人员把选票投给了普京。民主成了选秀节目。列宁曾在《机会主义与第二国际的破产》一文中写道，政治危机不仅产生于下层不满之时，也产生于上层无能之时。但俄罗斯总统大选并不符合这一情况，无论下层还是上层。

以部分代表整体的意愿一直延续到了大选之后。忍受一个城市和农村发展速度不一致的俄罗斯——包括令人厌恶的模糊性与坚持只报道可以检验之事的新闻责任——仍然不是普遍做法。许多西方政治家和记者成为莫斯科发展的援助者的意愿，比进行客观观察的意愿要强烈得多。即便俄罗斯社会完全拥有自己的社会支柱，他们也依然这么想。

第六章　权力及其代价，或教会与国家

俄罗斯东正教会作为政治力量的复兴

时间已过午夜，东道主却邀请我在新奥加廖沃别墅宽阔的院子里再兜一小圈。开过几百米之后，汽车停在一栋昏暗的建筑前。弗拉基米尔·普京打开门，按开灯，在胸前画了个十字。这里是总统的私人教堂，有一个小的后殿和一座祭坛。几面墙上挂着金色的圣像，其他几面墙上是众所周知的《圣经》主题画。新任总统普京2000年搬进位于莫斯科郊外的这座官邸时，让人原址修复了这座行将倾覆的教堂。

带我游览时，普京坦承自己是俄罗斯东正教徒，他说起了他父亲弗拉基米尔·斯皮里多诺维奇，一名工人和严格的共产主义者——他与普京的母亲玛利亚·伊万诺夫娜不同，母亲在普京出生几周后就在圣彼得堡的一间教堂里秘密给他举行了洗礼。那天刚好是圣米哈伊尔的圣名纪念日，祭坛上的神父也叫米哈伊尔，因此他建议婴儿也取这个名字。母亲表示了反对——小家伙已经和父

亲一样叫了弗拉基米尔——因此弗拉基米尔·弗拉基米罗维奇这个名字得以保留下来。

随后，普京让我注意墙上的一幅画。穿着修女服的女人象征圣伊丽莎白或伊丽莎白·费奥多罗芙娜，这是这位大公夫人在俄语里的称呼。在德语中，这位贵族女性名叫伊丽莎白·亚历山德拉·路易丝·爱丽丝，是黑森和莱茵大公国公主。她是德国皇帝威廉二世的表妹，跟她的姐姐、末代皇后亚历山德拉一样，也嫁进了罗曼诺夫家族。在丈夫谢尔盖·亚历山德罗维奇1905年死于暗杀之后，伊丽莎白在莫斯科建了马大-玛利亚修道院，并成为那里的院长。沙皇一家被处决后第二天，伊丽莎白也被杀害。1992年，俄罗斯东正教会加封这位德国公主为圣徒。

这幅画是流亡东正教会送给普京的礼物，以感谢他多年来为莫斯科的俄罗斯东正教会与流亡教会重新统一所做的努力。流亡教会的前领导人劳鲁斯主教在纽约将画交给了普京。苏联解体好几年之后，母教会与其分裂出去的旁支相互间的不信任才消弭殆尽。“这是一个艰难的过程，”普京说，“教会的分裂是一道贯穿整个社会的裂隙。我从一开始就想要它们重新统一。这对我们的自我认识很重要。”

俄罗斯总统行程中2003年9月一个周末对纽约的访问，乍看上去与一般的例行公事没有什么不同。他与法国总统雅克·希拉克和德国总理格哈德·施罗德短暂会面。然后访问联合国，参加一年一度的联合国全体成员国大会并做惯常的主题演讲。此外，普京还将与俄罗斯石油企业卢克石油公司的董事长一起为该公司在美国土地上开办的第一座加油站剪彩，这座加油站位于曼哈顿市第二十四街和第十大道的交会处。不久以前，卢克石油公司以惊人的手笔收购了美国格蒂石油公司的连锁加油站，以展现企业的国际化。普京还要在华尔街与美国商界领袖会面。然后，他将飞往缅因州肯纳邦克波特镇与乔治・W. 布什见面。

然而，这一天最重要的一项活动是俄罗斯总领事馆内的一场会面。俄罗斯东正教域外教会的领导人正在这里等待克里姆林宫的主人。除了流亡中的首脑、常驻纽约的主教劳鲁斯・斯库尔拉之外，最重要的领袖也都会集到了这里。来自慕尼黑的马克・阿恩特大主教负责德国和英国教区，来自旧金山的基里尔主教是流亡教区主教会议的书记。陪同普京到访的俄罗斯东正教会代表叫吉洪・舍夫库诺夫，是莫斯科斯列坚斯基修道院的院长。

教会分裂成国内和国外流亡两个部分是1917年十月革命的结果。最初，教会仍然反抗着新统治者的镇压。十年后，谢尔盖・斯特拉戈罗茨基都主教在监狱里向新政府许诺，官方教会将忠于新政府。他的声明是这两个组织分裂和数十年处于敌对状态的原因。教会陷入了颠覆状态的经典困境之中：努力保持自己的身份与适应新的现实之间的矛盾。对于流亡教会和许多逃亡国外的信徒来说，谢尔盖牧首的做法意味着与一个无神论的政府进行不可饶恕的合作。而在当时的莫斯科官方教会看来，许多神父的逃亡是面对敌人时的怯懦行为，他们放弃了保护教会不被完全消灭这一唯一正确道路。

在9月的这个下午，弗拉基米尔・普京在纽约向劳鲁斯主教转达了莫斯科牧首阿列克谢二世的正式邀请，请他们到俄罗斯首都商谈进一步的谅解。几个月后，这次会面的信息在那场于旧金山召开、有250个流亡教区参加的国际流散者会议上得到传达，并大大加速了重新统一的进程，它只有一句话："普京总统认同神的诫命。"

尽管如此，重新统一正式完成是在2007年5月，又过了将近四个年头。关于过去的罪孽的讨论是棘手的，进行得艰难且痛苦。流亡教会提出一个核心要求。它坚持要对母教会在苏联时代的官方政策进行公开谴责。

莫斯科的教会高层提出不同观点，即便他们是出于自我保护的原因：我们要谴责对我们理念的背叛，但我们必须向国家妥协。没有其他选择。论据的其余部分是经院哲学家的研究材料。并非只有俄罗斯教会需要在必要的调整与公开的合作之间寻求平衡。德国统一之后，关于东德天主教与新教教会何时以及在多大程度上臣服于东德政府、是否曾与国家安全局合作，也曾有过沸反盈天的争吵。

普京努力在有着共同信仰的兄弟之间维持均衡。他在莫斯科与阿列克谢牧首交流，在慕尼黑与影响深远的马克大主教会谈，以世俗调停者的身份给出消除矛盾的建议。最终在2007年5月，俄罗斯东正教会在红场上的圣瓦西里大教堂举行了庄严的统一仪式。

统一也有其代价。国外的分支教会保留自己的行政独立性。作为对反对当年的做法的公开表达，流亡教会在1990年就已将被杀害的沙皇一家封为圣徒，并要求母教会在有可能重新统一之前做出相同的决定。由此，黑森和莱茵大公国公主伊丽莎白·亚历山德拉·路易丝·爱丽丝最终成为圣伊丽莎白。

在俄罗斯，世俗与宗教权力这一古老联盟的崭新版本有着巨大的潜力。民意调查显示，大多数民众是俄罗斯东正教信徒，尽管他们通常只在传统节日才去做礼拜。经过80年的世俗化之后，人们对宗教救赎承诺的渴望是强烈的。“教会是我们共同的历史的一部分。”普京在那天夜里带领我们参观私人教堂时讲了他致力于俄罗斯东正教会统一的动机。对他来说，他作为礼物得到的那幅画是表明统一有多么重要的另一个标志。无论是对政治，还是对他个人而言。

如果他在那天夜里没有再次强调这一象征意义，他就不是弗拉基米尔·普京了。“圣伊丽莎白回家了。在革命之前她跟她丈夫生活的地方，就是现在的总统官邸。”他关上灯，合上门。普京在告别时总结他的信条：“没有历史与宗教经验的连接，我们俄罗斯就没有国家认同。教会的统一帮助了我们。”

他努力确保教会不仅是道德上的，还是经济方面的重中之重。2010年，议会通过一项法律，据此，俄罗斯所有宗教团体在十月革命近百年后拿回了大部分财产。联合国教科文组织世界遗产名录上特别宝贵的圣地不在此列——例如圣瓦西里大教堂。由此，东正教会成为全国最大的房地产业主之一。

此后，一场政治实验开始了：在宗教的帮助下建立更强的俄罗斯认同感。新的教牧手段是从统一之前的传统工具箱中取出的经典方法：将天国作为安慰或威胁。最高准则是，将《圣经》的话语当作道德观不断变换的动荡时期的铁律来遵循。要尊重权威。如同在1960年代、在老联邦德国以及在巴伐利亚等地一样，同性恋仍然要受到惩罚，而在选举日的布道中，神父会解释选票并明确说出信众应当把自己的票投给谁。

这一联盟是否会长期在俄罗斯运作，目前尚不清楚。一方面，伊斯兰人口所占比例在俄罗斯社会中有所提高；另一方面，大城市中成长起新的一代，就他们的情感状态而言，对宗教的重新认识更多的是民俗活动而非必须。

第七章　“上帝之国”的俄罗斯版，或寻找自己的历史

历史应如何促进集体自信

吉洪神父总是在总统的私人教堂中主持弥撒。这位斯列坚斯基修道院院长被认为是一位“duchownik”——俄罗斯总统的精神导师和忏悔神父。事实是否如此，院长不置可否。吉洪神父根本不理会这类询问他的职务的直白问题。他坚信信仰可以移山，并坚持一条久经考验的信念：只有当很多人都在猜测他与当权者的关系，但尽可能少的人知道这层关系的细节时，一位有影响力的人物才能保持其影响力。2015年春季的那一天，我们第一次见面做长谈采访，彼时他正因莫斯科的糟糕空气而与呼吸不畅做斗争。第一眼看上去，他并不像典型的东正教会守护者的代表，尽管他穿着法衣、蓄着必不可少的大胡子。这位修道院院长机敏、警醒且雄辩。总统是个虔诚的信徒，这一点不容置疑。

“弗拉基米尔·普京是个基督徒，他不仅如此自称，还践行了基督徒的义务。他忏悔，参加团契，并且清楚自己的责任。”神父说

道。他的修道院有着经典的洋葱式尖塔和白色外墙，位于莫斯科市中心，紧挨大卢比扬卡街。再往前走一个街角，就是情报部门总部，在斯大林时代，该部门的前身曾将成千上万名信众投入监狱或杀害。此后，东正教会成功地修复了自己的声誉，多亏它的神圣使命，教会成为这个国家的动荡历史中唯一像激流中的岩石一样幸存下来的社会组织。它也是俄罗斯历史的一个变种，即便它有着自己永远正确的认知。

“我们是先来的。修道院比克格勃早成立560年——而不是由克格勃成立的。”吉洪回答得快速而准确。与前情报机构的邻居关系是西方记者的标准问题。与大多数宗教场所一样，修道院在苏联时代被关闭了，克格勃将其建筑收为己用。花园里的一座石头十字架让人想起黑暗的过去：“纪念那些虔诚的东正教徒，在混乱的年代里，他们在这里被折磨、杀害。”

吉洪神父平静地回忆起自己刚刚履职的岁月：“我被派到这里，就跟军人被派遣一样。修道院彻底衰败了，必须翻新。1992年，我是这里唯一的修士。”

这个虔诚的人在俗的名字是格奥尔基・亚历山德罗维奇・舍夫库诺夫，曾经学习过电影学，在1980年代体验了重生。他在读过马克思、列宁和托洛茨基，并深入研究过瑜伽和梵文之后，更多地专注于陀思妥耶夫斯基、托尔斯泰和康德。一满二十四岁，他就受了洗，成为俄罗斯西北部靠近爱沙尼亚边境的普斯科夫洞窟修道院的修士——这是为数不多的熬过斯大林时代的修道院之一，在革命之前，这里曾有上千座修道院。吉洪的精神导师是该修道院的院长约翰内斯・克里斯契扬金，他在1950年曾被送往劳改营，在那里待了五年。

斯列坚斯基修道院院长是俄罗斯教会行业里的明星。这位活跃的神父将修道院打造成了一家蓬勃发展的企业。他于2008年制作了电视纪录片《帝国的衰落——拜占庭的教训》，该片在俄罗斯电视台的黄金时段多次播出。《新苏黎世报》总结该片的主旨说，吉洪在影片中描述了“拜占庭帝国失落的伟大，它轻率地把自己置于外国贸易伙伴和顾问的堕落影响之下”。这是在警告俄罗斯提防西方颓废主义。他的教堂官网是俄罗斯国内最大的门户网站之一。他的自传《未封圣的圣徒》是向反抗的时代里顽强而可爱的神职人员的致敬，它不怎么会让人想起官方教会也曾与体制有过密切合作。该书在俄罗斯销量超过120万册。修道院著名的男声合唱团在全世界巡回演出。“我从一开始就很清楚，如果我们想独立的话，就必须自己赚钱。”院长介绍了修道院控股公司惊人的经济成就。四十五名修士负责照顾生意。此外，他们培养了下一代骨干力量。这里有一所幼儿园、一所中学和一所神学院。我这样曾经上过修道院学校的人很习惯跟着院长在庭院中散步，看年轻男子穿着黑袍成排下跪，虔诚地亲吻他的手，与此同时，修道院建筑的墙上挂着触摸屏闪闪发光的电脑，学生们可以用这些电脑上网，并在一张世界地图上检索东正教会的各个分支机构。

吉洪不仅是普京的朋友，也是普京的重要助力，帮助他尝试将教会作为俄罗斯历史的一部分重新写入集体记忆。长期以来，教会和国家就已经具有相似的波长。吉洪和普京相识于1998年，当时的总统叶利钦毫不犹豫地让他未来的接班人做了十三个月的情报部门领导，因为他想更为有力地掌控这一机构。吉洪讲述了这段长期友情的故事：“作为普通的参观者，普京多次造访过这座位于他办公地拐角处的修道院。”在那之后，他才对神父坦陈他究竟是谁。

此后，吉洪在国家与教会之间的信仰问题上就成了某种意义上的特使。

对于修道院只是克里姆林宫新的意识形态部门的指责，院长自我辩护说：“我们不受普京支配，他也不受我们支配。那样是不行的。”在他看来，对世界与传统价值、道德与历史有着共同的看法，是一件令人愉快但完全偶然的事。“一个像我们这么大的国家，你只能坚持依据历史经验来统治。而且要参照那些在十月革命之前就已经存在的经验，还有从苏联历史中得出的最好的经验。我们只有一部历史。如果不立足于我们的过去，我们就没有未来。马克思主义在苏联失败了，而民主，在1990年代以最糟糕的形式塞给了我们，也没有成功。俄罗斯必须找到自己的形式。”

在那以后，必须在克里姆林宫的帮助下以民族意义建构的名义展现自己的历史成就，这一使命不仅需要吉洪具有医治灵魂的能力，也需要他首先具有媒体能力。他取得了显著成功。多媒体历史类展览《我的历史：留里克王朝》讲述了一个贵族之家的故事。在那之前只有专业研究者对之感兴趣，2014年11月，展览在莫斯科举行，随后在全国巡回展出，它们吸引了成千上万想要更多了解这些高贵先祖的参观者。这个王朝从9世纪到16世纪统治着曾经的帝国领土。历史寻踪的一个高潮是弗拉基米尔大公在今天的乌克兰境内受洗，这是俄罗斯的建国神话。展览坚持了普京的策略，将历史的各个阶段结合起来，“以展现这个简单的事实，即和其他国家一样，俄罗斯也有着悠久的历史，我们必须依据历史建设国家，才能唤起自己内心的力量并将之运用在我们民族的发展之中”。

在这部留里克传奇的结尾，这个王朝中最后一位强人也被这种新史观蒙上一层温和的光泽。伊万四世，民间通常称他为“恐怖的伊万”，因为据说他杀死了自己的儿子，但与他的继任者相反，他为增强俄罗斯帝国的凝聚力做出了卓越贡献。此前关于沙皇罗曼诺夫家族的全国巡展就已经在公众中取得了巨大的成功，吉洪紧跟流行的步伐，用录音和互动电子屏幕装点了肖像画廊。

神父关于上帝与祖国的历史课在民族主义与爱国主义之间取得了一个相当微妙的平衡，在俄罗斯这二者是密不可分的：通过弘扬自身的传统加强自身的认同感，而不是照搬西方的那一套，这是弗拉基米尔·普京的内政方针，他以此来缩小俄罗斯的自卑感与自大幻想之间的鸿沟。在动荡的1990年代，他在叶利钦主政的克里姆林宫的行政机构中任职，从这段经历他直接得出结论：从民族视角加强对本国历史的观照，不仅对叶利钦未来的总统生涯至关重要，而且能够改变他看待世界的角度。他尝试将这种观点也教给俄罗斯人民。于是，正如美国的竞争者理直气壮地宣称的一样——“上帝之国”，只不过是其俄罗斯版。

普京很早就开始尝试，在苏联解体之后寻求一种共同的联系。后来担任经济发展部长的格尔曼·奥斯卡罗维奇·格列夫和他领导的战略发展研究中心对普京的总统施政草案打磨了好几个月。普京在上任之前两天，即1999年12月30日，将他的施政宣言《千年之交的俄罗斯》发表在互联网上，他在文中宣布了新的方向。爱国主义是进一步发展的基础——即便这个词“往往用于嘲讽，有时甚至用于辱骂”。还需要什么，也写在了宣言中：不是极权主义的国家，而是一个强大的国家——“它是秩序的源头和保障，是任何变革的倡导者和主要推动力”。

“大多数俄罗斯人不习惯通过个人的努力奋斗改善自己的状况，而习惯于借助国家和社会的帮助和支持做到这一点。”普京指出了这一情况。他的结论很务实，你可能喜欢，也可能不喜欢。不过谈论它是好是坏没什么用处，因为它是一个事实，而且与政治相关。“需要很长时间才能改掉这种习惯。”

这一施政草案开始生效。新总统触动了时代的神经。更少尝试，更多安全。因此他赢得了掌声。称赞寻求建立更强大的国家和更强烈的认同感为正确战略的人，可不只有作家亚历山大·索尔仁尼琴。这位诺贝尔文学奖得主在美国流亡了17年，在叶利钦时代回到俄罗斯。2007年夏天，他在去世前不久接受《明镜周刊》采访时，批评“北大西洋公约组织试图把分裂的苏联的若干部分拉进它的范围”，尤其是乌克兰，“它是与我们关系最亲密的国家，是通过几百万家庭与我们联系起来的”。“在那以前，西方主要被我们看成民主的救星。现在我们不得不失望地断定，西方的政策首先是受实用主义支配的，往往还要加上利己的、露骨自私的考虑。”

在索尔仁尼琴看来，在戈尔巴乔夫与叶利钦的时代，“俄罗斯国内出现了无政府状态，对外又放弃了所有阵地”——这并非进行根本性改革的必要条件，而是权力的博弈。西方“很快就习惯于认为俄罗斯差不多是一个第三世界国家了，而且将永远这样。当俄罗斯重新强大起来时，西方的反应是惊慌失措”。面对西方的道德指责——他们说新上任的国家元首是一个国家安全机构的老面孔，这位曾经的劳改营囚犯给出了强有力的回击，他指出了一个微小而关键的区别。普京虽然曾是一名情报官员，但不是克格勃侦讯人员，也不是古拉格的主管。“任何国家都不会贬损外交活动方面的情报工作人员。”到现在也没有人“想指责老布什早年曾担任中央情报局局长”。

像亚历山大·索尔仁尼琴这样的道德主义者与西方偶像也力

挺俄罗斯总统的路线方针，这让华盛顿也产生了兴趣。2008年4月4日抵达华盛顿C街国务院的电传被打上了“机密”的标签。发件人：美国驻莫斯科大使馆。在“标题”栏下，美国驻莫斯科大使威廉·J. 伯恩斯写下了正文的主题：关于亚历山大·索尔仁尼琴、北约与乌克兰等。

这位职业外交官用多个段落报告了他对住在莫斯科郊外的亚历山大·索尔仁尼琴的拜访。尽管八十九岁的诺奖得主不久前患了中风，但他已经清醒，并对目前的局势密切关注。随后伯恩斯引用了这位作家的言论，这些言论表明，索尔仁尼琴赞同普京。

“与他的前任叶利钦和戈尔巴乔夫相比，普京执政的八年得到了索尔仁尼琴的赞扬。他说，前两者加重了‘俄罗斯在七十年的苏共统治下所遭受的损害’。”在普京的统治下，这个国家重新理解了俄罗斯的意义，“尽管还存在问题，比如贫困以及越来越大的贫富差距”。此外，美国大使说，索尔仁尼琴还批评了“将乌克兰进一步拉向北约”的意图。

第八章　间谍，还是公民社会的代理人？

普京与外国援助机构在俄罗斯的角色

弗拉基米尔·普京穿着运动服，坐在他索契官邸的游泳池旁的休息室里，带着明显的疲惫喝着一杯茶。我们在等待新闻发言人德米特里·佩斯科夫。空气中弥漫着淡淡的氯水味道。总统在2013年3月底的这一天刚结束一场对南非的国事访问返回俄罗斯，我全程陪同他。普京在黎明时分宣布进入紧急状态。不是通过电话，而是用一种过时的方法。飞机上的电话更容易被敌方情报部门窃听，这一点早在爱德华·斯诺登落地莫斯科之前就已经为人所知。因此，一名克里姆林宫的信使将沉睡的国防部长从床上叫起来，交给他一枚密封的信封，里面装着国家最高统帅的命令。情况是：敌人渡过黑海，从海边向俄罗斯发起攻击。剩下的就是例行程序。

谢尔盖·库茹盖托维奇·绍伊古来自西伯利亚的恰丹，是普京的老朋友，二人结识于叶利钦时代，当时他担任俄罗斯联邦民用防务事务、紧急情况和消除自然灾害后果部部长。现在他已当了几个月的国防部长，必须证明一切尽在他掌握中，军队也时刻待命。不能再像从前一样，坦克因为缺少燃料不能开，舰船因为发动机坏掉不能动。不能再因为某个士兵酩酊大醉而在战争状态下只做有限的防御准备。普京再也不愿意陷入那种状况，在鲍里斯·叶利钦任下担任总理的最后几年里，他很清楚军队处于什么样的灾难状态之中。收入微薄，人心涣散，消极怠工，没有能力在一场严肃的对抗中取胜。1999年，他为了打车臣战争，绝望地在全国寻找可用的部队。

弗拉基米尔·普京通知了发言人德米特里·佩斯科夫，好让他将调军的细节传播出去。这是一次有限的军事行动。不超过7 000名士兵已在数小时前出发保卫祖国。在接下来的几天里，将有36艘战舰与空降部队一起进行军事演习。“如果投入更多兵力，我们就要通知北约，而现在则不必。”最高统帅解释道，“我们的一些指挥官要度过一段不平静的时期了。”说完，他离开我们，去游了几圈泳，以完成他每日的运动定额。

在他的总统任期内，军费增加了一倍。他还宣布，军费将进一步增加。俄罗斯的军费在全世界排第三位，仅次于美国和中国。不过要想赶上美国还有很长一段路，这从数字上可以看出来。2013年，华盛顿支出6 400亿美元军费，莫斯科则是近880亿美元。如果算上同时期北约成员国的军费，如法国（612亿美元）、英国（579亿美元）、德国（488亿美元），则西方显示出压倒性的军事优势，此分析结论由著名的斯德哥尔摩国际和平研究所的军事专家得出。

游泳池距离官邸只有几米远。政府发言人正在组织一场电话会议。主要的通讯社和电视台——国际文传电讯社、塔斯社、彭博社和路透社——将在一个小时后公布这场正在进行的演习的细节。

这里曾是斯大林的住所，后来经过了一场翻新改造。梅德韦杰夫2008年就任总统时，让人将这座古老的建筑改造成意大利文艺复兴风格的别墅。大理石与玫瑰花饰，淡黄的颜色，枝形吊灯。二楼的暖房里，一群部长与顾问坐在深色藤条编织而成、堆着白色靠枕的家具上。他们在等着轮到自己。等待可能需要很长时间。普京的礼宾司司长早已放弃了干预，如果他的老板对某个话题或某位访客很感兴趣，那么航班时刻表或预定的约见就不复存在了。这是普京对于即兴的爱好，有时也只是权力的随心所欲的某种展现。

德米特里·佩斯科夫这天还有另一项重要任务。他要向老板汇报两天前搜查德国政治基金会驻俄罗斯办事处的结果。根据一项2012年11月生效的新法律，所有从事政治活动的非政府组织都必须登记注册并披露其资助人。这项新法律旨在防止未来其他国家干涉俄罗斯内政。从国外获得资金的政治性非政府组织必须登记为“外国代理人”，并接受对其账户和活动的严密监控。

“代理人”这个概念意义模糊，在英文和俄文中都是这样。它既可以指间谍，也可以指一个机构的代言人或全权代表。这次分类背后的政治意图非常明显。许多俄罗斯非政府组织从国外获得资金。受到影响的人非常愤怒，他们对这项所谓的代理人法律的反对声浪也很高。到那时为止，还没有任何组织宣布自己为外国代理人。于是当局开始插手了，而除了俄罗斯的非政府组织之外，检察官还拜访了德国基督教民主联盟下属的康拉德·阿登纳基金会驻圣彼得堡办事处和德国社会民主党下属的弗里德里希·阿尔贝特基金会驻莫斯科办事处。

在飞机上吃早餐时，弗拉基米尔·普京尚不知道这次行动，虽然它已在德国成为新闻头条。对于我所提出的问题——这究竟是要干什么？——他简短地回答道：他不是检察官，而是俄罗斯总统；他也不觉得，在德国进行的每一次搜查都会知会德国总理安格拉·默克尔；但他会去了解情况的。他很有可能确实不清楚检察官的行动。安格拉·默克尔将在一周后，即2013年4月7日，与弗拉基米尔·普京一起出席汉诺威工业博览会开幕式。开幕前爆出丑闻在政治上可是会产生不良后果的。

共进晚餐时，普京打开了电视机，正在播放的是重要新闻。我看到，他已经在这一天的工作中为上午的问题提供了答案。这则消息排在第三。俄罗斯总统的人权全权代表弗拉基米尔·卢金这天与普京见了面，并将情况报告递交给总统。弗拉基米尔·普京表示感谢，并询问他，是否在人权领域工作的非政府组织也要遵守新的法律。他随后指示，监控也不应当太过火。指示得到了传达。第二天，德国的基金会拿回了它们被没收的电脑，弗拉基米尔·普京将与默克尔通电话并前往汉诺威。

关于外国资助机构在俄罗斯所扮演角色的争论由来已久。西方的解读会让人想起20世纪天主教会在非洲的传教努力。援助机构只做好事，照顾残疾儿童，抗击艾滋病，保护自然环境。他们以上帝的名义行动。除此之外，他们还倡导市场经济，致力于新闻自由，以温和的方式将普京领导的民主国家转变为西方模式的公民社会。西方价值观是普世的，在其他地方也必须得以推行。为了这场战斗，他们投入了数十亿美元。

多年来，美国战略性地资助俄罗斯的非政府组织，比如“呼声”，该组织在2011年到2012年的大选中调集了数千名选举观察员，并公开谴责选举中的荒谬之处。“呼声”并非唯一的此类组织。数百个非政府组织为反对派举办关于公民不服从或替代性通信技术的培训研讨班。华盛顿支持对现实中和想象中的不公正提出的各种指控。这就是俄罗斯在2012年夏通过法律，要求受外国资助的援助机构进行登记的原因。

就连俄罗斯最重要的人权组织“纪念”也要受制于这项法律，因为它所受捐赠大部分都来自国外，例如来自海因里希·伯尔基金会或美国亿万富翁乔治·索罗斯的基金会。该组织在1989年由异见者、诺贝尔和平奖得主安德烈·萨哈罗夫建立，以纪念受苏联压迫的牺牲者。自此以后，许多以人权名义活动的团体都聚集在它旗下。因此俄罗斯司法部曾试图彻底取缔该组织。当局输掉了俄罗斯宪法法院的诉讼。如今，“纪念”正努力在俄罗斯国内获得更多捐助。

自那以后，普京就经常重复他对限制令的观点。他只是介绍其他地方是如何做的。更强硬的立场体现在干预上次大选的结果，而这一做法激起的义愤在他看来只是西方双重标准的表现。他指出了俄罗斯此举的行为模板。“美国从1938年起就有这样的法律。华盛顿政府肯定很清楚其原因。”

普京所说的是美国的《外国代理人登记法》(FARA)，最初是为了避免纳粹的渗透而制定的。那已经是很久之前的事了，它适用于并普遍针对“非美利坚的活动”，针对外国势力和情报机构的渗透。在美国国务院方面，这一规定是这样描述的:“根据这项法律，任何作为外国委托人之代理人的个人或组织必须在司法部注册并指明其为之工作的委托人的身份。”在该法律中，“外国委托人”包括“美利坚合众国之外的政府、政党、个人或者组织，以及任何受外国法律约束的企业”。无论美国还是俄罗斯都非常重视“代理人”一词的模糊性。

俄罗斯外交部长在2012年9月亚太经合组织首脑峰会的一次晨间会议上非正式地向美国国务卿传达消息，这是这段紧张关系中不多的友情流露之一。当双方就未来在北极冻土上展开合作进行磋商时，谢尔盖·拉夫罗夫警告他的美国同行希拉里·克林顿说，在接下来的几天里，美国国务院将正式接到关闭美国国际开发署（USAID）驻莫斯科办事处的要求。三天后，美国大使迈克尔·麦克福尔收到正式通知，获悉了俄方要求的确切日期。通知说，美国国际开发署的办事处应在10月1日前关闭。享受外交人员待遇的美国工作人员应在该日期之前清理场地。俄方称，多年来，华盛顿一直通过这种非常特殊的发展援助形式过多干预俄罗斯内政。

弗拉基米尔·普京的这一决定终止了这一美国国家代理人在俄罗斯的活动，在为美国国家利益工作的组织中，它是最有效的之一。美国国际开发署1961年由美国政府建立，旨在在全球范围内促进"民主、人权与公共健康"。它在100多个国家开展工作，还曾与美国情报机构合作。据《纽约时报》推测，遭突然关闭的原因可能是"该发展代理人在冷战中的历史，那时它也是美国间谍活动的掩护组织。许多外国政要对此仍记忆犹新，其中很多人的不信任感从未消除"。

自1992年起，这一美国发展援助机构在俄罗斯投资了27亿美元的项目。然而近年来投入公共卫生领域的资金少了，更多的资金流入了50多家非政府组织的账户，这些组织"致力于民主、人权与一个更稳固的公民社会"，美国国务院发言人维多利亚·纽兰在2012年9月18日一场关于美国国际开发署的新闻发布会上坦承。如今它将继续致力于其他方面的工作。"美国国际开发署虽然停止了在俄罗斯的活动，但我们将继续促进民主、人权与俄罗斯公民社会的蓬勃发展。”随后美国国务院公布了将紧随美国国际开发署的脚步的其他机构：国家民主研究所（NDI）、国际共和研究所（IRI）与国家民主基金会（NED）。

这一声明意味着，以类似方式进行的政治斗争还将继续。这些名字代表着老熟人，他们几十年来在海外为美国政府工作，并接受美国国际开发署和美国国务院的资助。他们致力于在全球传播“民主价值和人权”。其领导层由前国务卿马德琳·奥尔布赖特等前任外交官、前北约盟军最高司令韦斯利·克拉克等前军方人士和前中央情报局局长詹姆斯·伍尔西等情报人员组成。

美国前总统罗纳德·里根在国家民主基金会成立时就已经意识到其良好意愿中暗含矛盾，他于1983年在紧挨着白宫的旧行政办公大楼405房间对国会议员描述了这个机构的使命。在这个新基金会建立之初，全世界都对它抱着希望，它贴近美国民主信仰的核心，白宫档案如此记录道。同时记录下来的还有罗纳德·里根激情澎湃地发表公关言辞的精确时间：12月16日11点59分。至于这具体意味着什么，这位前好莱坞演员说道：“这意味着，我们将把所有资源都投入到这一长期计划之中——组织、汗水和金钱。”国家民主基金会将为民主培训项目提供研讨会，“该组织将在国外与想要参加民主课程的人密切合作，这项工作将非常细致地围绕各团体与机构的切实需要开展。当然它会紧密配合我们的国家利益”，发给其他国家反对派团体的邀请函如是说。

自此以后，国家民主基金会在全世界90多个国家以民主的名义采取行动，建立非政府组织，并协调其他国立与私人基金会的工作。国家民主基金会的创始人之一、乔治城大学教授艾伦·温斯坦

1991年在《华盛顿邮报》上简明扼要地介绍了该组织的目标:“我们现在的许多工作,在25年前是由中央情报局秘密从事的。”

德国并没有如此组织周密地投入改善世界的事业之中。德国主要致力于公开发表警告,它信奉的箴言是:为了一件事情本身而去做它,这才是德国做法。虽然德国联邦议会2012年11月通过的决议开始强调,俄罗斯是“德国与欧洲的重要合作伙伴”,与俄罗斯全面的现代化合作伙伴关系之中蕴含着极大的利益,但是其中有近三分之二的内容在讨论财政赤字、侵犯人权、国家对反对派采取的措施。“联邦议会特别担忧地发现,自从普京总统就任以来,俄罗斯采取了各种立法和司法上的措施,旨在从总体上不断增强对活跃公民的控制、增加批评性行为入罪、对批评政府者采取对抗路线。”而俄罗斯政府驱逐“美国国际开发署这一机构”,则是“另一个令人担忧的信号”,它首先违背了“国际社会间的合作精神”。

安格拉·默克尔将她对普京的公开批判看作一次政治辅导,她很乐意给普京上课。其本意并非破坏性的,而是伙伴之间的公开交流。普京说她这是在鼓动反俄情绪。面对这样的指责,她愉快地回答说:“如果我总是一碰就生气,那就连三天的总理都做不了。”

第九章　道德作为政治武器

同性恋与“暴动小猫”

要作为依据给弗拉基米尔·普京制定俄罗斯政治的规矩并让他恼火的，可不只是德国礼节。还有西方的政治-道德正确的设计，俄罗斯也应当诚恳地全盘接受。“为什么同性恋的话题对国家如此重要？我不反对同性恋。”他在2013年春的一次夜间访谈中表明了他对同性恋的态度，“国家应该把精力集中在重要的事情上。同性恋者生不出孩子。国家的任务不是花钱资助性取向，或者将这种想法作为外交要求传达给其他国家。”普京停顿了一下，然后谈起他信念的核心，自他入主克里姆林宫以来它就驱动着他。“这是我们的社会，而不是其他人，做出的决定。我也并不反对威斯特威勒先生。”他略带嘲讽地补充道。他表明自己立场的具体原因是俄罗斯议会通过了一项新的反同性恋法案，不仅德国电视台把这项法案拿出来讨论，政治界也因此起了轩然大波。

为此，德国前外交部长基多·威斯特威勒发布了一则新的俄罗斯旅游警告，外交部在2013年夏天将这则警告挂在了官方网站上。这不仅是一般性的关切，也是私人忧虑的表现。基多·威斯特威勒是名出柜的同性恋者。

该警告写道："同性恋在俄罗斯不是非法的。然而，俄罗斯社会对同性伙伴关系的接受度很低。针对'向未成年人宣传非传统性关系'这一行为的联邦法律已于2013年6月30日生效。根据该法律，即便是外国人，宣传同性恋、参加关于同性恋的公开集会，以及支持同性恋也将面临最高可达10万卢布罚款、15天监禁并驱逐出俄罗斯联邦的处罚。"

对于想要前往沙特阿拉伯或其他伊斯兰国家的同性恋者，网站并没有给出特别警告，而只是以"特殊刑罚规定"为标题给出了一般性旅游建议，而在那些国家同性恋行为肯定会招致更为严重的后果。一个月后，德国总理即将访问圣彼得堡时，公众的激愤达到了一个新高潮。安格拉·默克尔公开呼吁俄罗斯撤回新的反同性恋法。很显然，这一要求与德国大选，而不是以价值为导向的执政党的外交政策更为相关。据了解，默克尔没有对任何其他国家公开提出过类似要求。

德国国内的同性恋运动在几十年的艰苦斗争之后才刚争取到一定的权利，而基督教民主联盟的很大一部分人对此还难以适应，但这一事实在此并不重要。所提要求首先涉及的是此时此地的内政方针。现在，在德国，同性恋原则上能够得到社会认可，而在俄罗斯，对它的接受度大约相当于德国在1950年代的水平，那时的德国跟现在的俄罗斯一样，同性恋也是被禁止的。此外，同性恋行为在联邦德国直到1973年都是刑事犯罪，直到1994年德国联邦议会才废除了臭名昭著的第175条，依据这一法条，数以万计的人被判有罪。

《在这里，恐同仍然是主流》，这是德国的《日报》关于这场辩论的文章的标题，它相当精确地概括了局势。在俄罗斯，有三分之二以上的人口公开反对同性恋。无论是默克尔的谴责，还是德国外交部向有同性恋倾向者发布的旅游警告，都没有打动俄罗斯社会。俄国家杜马没有撤回这项法律。莫斯科的议员们不像他们的柏林同行，他们不愿意采取政治自杀行动。德国的公开谴责对于平权运动没什么帮助。人们还需要经历数十年的艰苦斗争，俄罗斯社会才能达到一个勉强能够让人接受的状态。

“西方遵循自己的想法行事，无论我们喜欢不喜欢，”普京的精神顾问吉洪神父说，“而我们在某些问题上意见越发与他们相左。”当然，他也承认，同性恋婚姻完全是一个个人生活方式问题，但是从俄罗斯东正教的角度来看它是完全不可接受的。俄罗斯政府如果接受了它，就彻底“踏上了走向堕落的捷径”。吉洪神父在这个问题上的观点是与天主教会完全一致的。

为了表明普京在这一问题上的务实态度，神父讲了一个故事。他和普京约好一起吃饭，俄罗斯媒体刚好在报道普京即将访问柏林，还提起那时的柏林市长克劳斯·沃维雷特是一个出柜的同性恋者。作为一名称职的神职人员，他劝普京不要在公开场合跟一位同性恋者握手。普京没有同意。他说：一方面，那是沃维雷特的私事；另一方面，沃维雷特是柏林市的代表。普京当时的妻子柳德米拉站在神父的这边，支持吉洪的要求，普京回答得简短而具有讽刺意味：“亲爱的，没有理由去嫉妒。”即便这个故事是虚构的，它也恰如其分地表现了普京的行为模式。如果情况需要，他能够相当灵活，但他的基本政治信念不会有多大变化。

即便是“暴动小猫”2012年在俄罗斯最大也是最重要的教堂——基督救世主大教堂举办的那场轰动的演出，也使普京在俄罗斯国内受益。西方媒体对这支乐队的成员冠以“女性反抗者”的称呼，将她们作为反抗普京的标志，这是对当下局势的误解。大教堂的演出让这支乐队在全世界一举成名。“暴动小猫”的成员将自己伪装成信徒，喊出她们反对普京和牧首基里尔的朋克祷文。在暴怒的教堂工作人员将她们扔出门之前，她们对现场进行了拍摄，并将演出发布到互联网上。这些年轻、勇敢的摇滚歌手与一个残暴且越来越不得人心的体系做斗争的故事在西方取得了成功，在艺术类网站上被点击了数百万次。在俄罗斯则相反，并没有出现对这场英勇、先锋的反抗活动的追捧，相关消息遭到了大规模的抵制。

她们歌曲的副歌“圣母啊，童贞女玛利亚，驱逐普京吧”听起来虽然无害，但另一部分“该死，该死，神真该死”以及将牧首骂为“猪猡”在俄罗斯信徒听来则是蓄意挑衅，也许这就是她们的目的。乐队主唱之一娜杰日达·托洛孔尼科娃和她丈夫彼得·韦尔西洛夫在俄罗斯电视上出了名，因为他们在莫斯科生物博物馆里办了一场群交盛宴。《法兰克福汇报》（周日版）对此恰如其分地评论说，这堪比1960年代“一号公社”[1]在德国取得的成就。

对于俄罗斯的反对派来说，教堂里的这场演出是让人恼火的挫折，而对于弗拉基米尔·普京来说，则是一场主场比赛。俄罗斯总统很快意识到其中的政治潜力并将它发挥出来。他公开对这一事件表达遗憾。“我希望，这种事情不会再发生了。我替她们[“暴动

1 “一号公社”（Kommune 1）是1960年代学生运动期间在联邦德国出现的一种男女混住的生活方式，参与者有自己的政治主张，他们反对市民社会的核心家庭模式，认为现有的社会极端保守，要求建立全新的生活方式并推行性解放。——译注

小猫”］向全体神父和信徒道歉，如果这些人自己不能道歉的话。”教会也趁此机会采取行动。这次事件发生两个月后，基里尔牧首为约五万名信徒做了一场长达四个小时的弥撒，“以保护信仰、受到玷污的圣地、教会及其声誉”。

该乐队雄辩的代表人物娜杰日达·托洛孔尼科娃试图将接下来的审判比作斯大林时代莫斯科的公审——“这是对俄罗斯联邦整个国家体制的审判”——但这也不奏效。将自我风格化以作为反抗的矛头，这虽然短期内在莫斯科和圣彼得堡的一些知识分子圈子中带来了红酒消耗量的增加和关于艺术可以做什么不可以做什么的讨论，但这次行动在政治上是失败的。

列瓦达中心的民意调查专家发现，受访的俄罗斯人中有86%赞成惩罚这些女人。一半以上赞成对她们处以两年监禁的严格刑罚，克里姆林宫人权专员弗拉基米尔·卢金等人则批评这一量刑过重。只有5%赞成将这些年轻女人无罪释放。

“我们面临着一个不争的事实：这些蠢女人为了吸引公众注意而做出了轻微的流氓行为。”博客作者、反对派阵营中最著名的普京反对者阿列克谢·纳瓦尔尼在互联网上愤怒地总结了局势。他只是反对严厉的刑罚。弗拉基米尔·普京在2013年圣诞节赦免了这些活动家，此时距她们刑满释放还有三个月。

第十章　别列佐夫斯基的信，或从过去发来的问候

普京的圣彼得堡岁月

我们在伏努科沃机场3号航站楼的贵宾休息室候机。蓝色字母拼成的“俄罗斯国际航空公司”字样挂在灰色的木墙上。米棕色地毯上摆着宽大的灰色人造革沙发，上面坐着几个敦实的男人，看不出年龄，他们带着皮质公文包和笔记本电脑。总统又迟到了。

随后在飞机上，弗拉基米尔·普京和我谈起了鲍里斯·阿布拉莫维奇·别列佐夫斯基。此人曾自称是弗拉基米尔·普京的支持者，后来又转变为激烈的反对者，他流亡到伦敦，在那里导演了他对克里姆林宫新主人的反对运动。谈话的由头是这名前金融寡头猝死了。几天前，2013年3月23日，一名保镖发现他死于伦敦高档住宅区阿斯科特的自家游泳池里。他旁边有一条围巾。病理学家没有发现暴力搏斗的痕迹。法医的调查结果认为死因是窒息。警察的第一条结论是，这名俄罗斯寡头可能死于自杀。

别列佐夫斯基时年六十七岁，破产独居。那所房子属于他的前

妻。他在死亡前一天接受《福布斯》杂志采访，对记者讲道："我低估了我依赖俄罗斯的程度，我做不成难民。"他随后还说："我的人生失去了意义。我不想卷入政治，也不知道该做什么。"

弗拉基米尔·普京靠着椅背，用手摸了一下脑袋。别列佐夫斯基曾在2012年底给他写过一封信，但经过几周才由一个中间人转交给他。这封亲笔信的内容是：他想回俄罗斯，到大学里去做一名教授，放弃政治。"他请求我原谅，他说他错了。当年他曾经试图从政治上摧毁我，但他失败了。那是一次激烈的冲突。"

普京解释说，对信中的主要诉求，他在过去几周里还没能做出决定。他当然有赦免的权力，但过程很复杂，因为还要经过一系列手续。总统办公厅的法律专家们已经着手评估相关法律后果，此时他惊讶地接到了别列佐夫斯基自杀的消息。

2012年普京再次当选总统之前，别列佐夫斯基曾接受我们的采访。那是在位于伦敦高档住宅区梅费尔的唐恩街7号他的办公室里，办公桌周围环绕着过去的照片，都是他与各路政要显贵的合影。这次见面时，他相信他很快就可以回国。莫斯科的示威活动显示，普京这次失算了。"新的一代，他们都不是在苏联时代出生的，他们不像普京一样想回到苏联。"他如此声称，并援引了披头士的一首歌。他说得越多——他说话又多又快——就对重回莫斯科东山再起的念头越发激动。他说，如果弗拉基米尔·普京落选了——这简直是一定的，他就在选举结束第二天返回俄罗斯首都。胜利之后要推行一种新的、可持续的意识形态。弗拉基米尔·普京无法阻挡新的一代。

鲍里斯·别列佐夫斯基，克里姆林宫政治曾经的幕后操纵者，利用他的人脉在叶利钦时代赚了数十亿，靠这些钱又获得了更多权力，他一直占据着他同时代人的想象。在俄罗斯，没人知道他到底有多少钱，因为数字都是从他嘴里说出来的，而会计问题从来不是他的强项。他可能自己也不太清楚——他只知道，他有过钱，有过很多钱。2001年，在与普京发生冲突之后，他到英国定居，自此他把全部精力都放在了推翻俄罗斯新任总统的事业上。对于他失去重要地位，他还没有原谅普京，也没有放过自己。他这些年的标准台词是："我成就了他，我也能灭了他。"

负责在别列佐夫斯基去世后处理他的遗产并公开账户的伦敦税务局，向他的亲属们宣布了一则坏消息。鲍里斯·别列佐夫斯基在去世前就已破产，还拖欠英国税务机关4 600万英镑税款。如同在世时一样，这位曾经炟赫一时的人物去世后仍然迷雾缠身，这或许是他留给世界的最后一样东西：在普京的对手看来，鲍里斯·别列佐夫斯基的死亡只可能是俄罗斯总统下令制造的又一桩谋杀案。

下飞机之前，总统告诉了我2013年1月初将那封祈求宽恕的信亲自转交给他的人是谁。那是别列佐夫斯基的老熟人，也是半年前在法庭上给予他致命一击并最终毁了他的人：罗曼·阿尔卡季耶维奇·阿布拉莫维奇。他是俄罗斯最富有的人，在西方他因拥有一艘超级游艇和英超俱乐部切尔西而著名。在叶利钦时代，鲍里斯·别列佐夫斯基作为影响深远的"教父"用数百万美元的"Kryscha"，即保护费的俄罗斯变种，将他扶植起来，为他打开了克里姆林宫的大门。恰好是阿布拉莫维奇递交了书信，这是曾经的门徒对从后苏联时代的官僚、政治和经济犯罪之网中挣脱出来的巨头表达的一种特殊感激。别列佐夫斯基也曾经帮助罗曼·阿尔卡季耶维奇·阿布拉莫维奇成为亿万富翁。

在伦敦高等法院所在的罗尔斯大厦26号庭上演了几个月的好

戏，它是英国几十年来最壮观的审判。它涉及亿万财产，权力和失败，敲诈和背叛，政治、友谊和失望，有时还涉及俄罗斯版纸牌屋里的狂妄自大。一个典型组合中的两个男人之间非常私人的故事。一个很年轻，另一个却已经老了，两个人在自己的时代都取得了巨大的成功，获得了极大的权力。随后，环境发生了变化，他们之间的关系随之改变。这是故事的一条线。

另一条线是：2012年的这场官司暴露了动荡时代里的一个个瞬间，在那个时代，数百万俄罗斯人失去的不光是他们的社会发展方向，还有他们的钱。它回放了一项失败的田野实验，这项实验在十年之内将世界上最大的国家从社会主义经济转变为资本主义经济。那个时候，普京告别了情报工作，正在学习政治这门手艺。在其他国家，这样的经济体制转变花费了一百多年时间。这项实验对于许多人来说都是灾难。

但这两个带着大群保镖、律师、翻译和战略顾问，定期出现在英国首都最高商事法院法庭上的人是例外。他们曾从混乱中获益，现在正为了巨额战利品的分配问题争执不下。这也是关于对自身历史的解释权的最后一场战役，他们很愿意重温这段经历。

主审这场编号2007的案件的法官伊丽莎白·格罗斯特面临着艰难的抉择。她被认为是一个意志坚强的人，除了获得过大英帝国爵级司令勋章之外，作为法官，她还极有口碑。她是高等法院的第一位女法官。案件材料很复杂。它涉及足足50亿美元，这是鲍里斯·别列佐夫斯基向罗曼·阿布拉莫维奇提出的赔偿要求。别列佐夫斯基说，在他与俄罗斯新总统决裂并离开祖国时，阿布拉莫维奇先是受弗拉基米尔·普京指使威胁他，随后在他们共同所有的俄罗斯公司的股权上欺骗了他。但能够证明他是这个商业帝国的共同所有人的书面合同是不存在的。鲍里斯·别列佐夫斯基声称，一切都依据口头协议。满目疮痍的1990年代留下的材料异常复杂。在审理这起案件的过程中，法官梳理了一遍俄罗斯的现代史。

曾经的数学家别列佐夫斯基在戈尔巴乔夫经济改革的时代就很快认识到，继续做一名越来越不能按时领到薪水的政府雇员是没有前途的。他在一家著名科研机构工作，为俄罗斯汽车业做研发，而那个时候的俄罗斯汽车业只是因为缺乏竞争对手才得以存活。LogoWAS公司成立的时候，别列佐夫斯基恰好在正确的时间出现于正确的地点。这家股份公司迅速扩张。LogoWAS利用软件和电脑从西方进口二手车，后来成为俄罗斯汽车业的总代理，最终扩展为各类企业的控股公司。这完全符合字面意义。

历史与变革

别列佐夫斯基认识普京是在1990年代初。这位前驻外情报特工刚刚因为不明朗的职业前景而改行。圣彼得堡市长阿纳托利·索布恰克给他在市政府提供了一份有前途的工作。普京出生在圣彼得堡，在这里学习法律——索布恰克曾是他大学里的法学教授。弗拉基米尔·普京摇身一变成了副市长，负责处理国际关系和经济问题。

别列佐夫斯基的生意做到了圣彼得堡。我们知道他的生意对手是谁。否则这两人就没什么关系了。对于这名莫斯科商人来说，会见只是例行公事，是与当地政府的进一步接触，或许会对当前的业务有利。一位熟人让别列佐夫斯基注意“阿纳托利·亚历山德罗维奇的副手”。阿纳托利·亚历山德罗维奇·索布恰克是戈尔巴乔夫的拥护者，也是1991年苏联解体后的第一位民选市长。在他当选的同时，人们还公投同意列宁格勒恢复原来的名字圣彼得堡。

对于后来的总统普京来说，商人别列佐夫斯基等于是在另一场联赛中踢球，他与之相距十万八千里。圣彼得堡的局势是灾难性的。商店就像城市的金库一样空空如也。市政府雇员普京试图阻止圣彼得堡沉没，他已竭尽全力。

弗拉基米尔·普京能够说流利的德语。他曾作为情报官员，带着妻子柳德米拉以及两个女儿玛利亚和叶卡捷琳娜一起，驻德累斯顿五年。他很赞赏德国人。他在市政府工作之后，也经常与联邦德国进行官方接触。汉堡市长亨宁·福舍劳就是个例子。几个月来，从这座易北河畔的友好城市定期向涅瓦河畔的圣彼得堡开出救济车队。救济物资被欣然接受。只有退伍老兵协会感到自尊心受到了伤害，他们向市长提意见说，他们可不是为了这些施舍才参加伟大的卫国战争的。这是一个敏感的话题。由于老兵的这些怨言，弗拉基米尔·普京前往汉堡，当局势慢慢改善时，亨宁·福舍劳与圣彼得堡的同行索布恰克协商后逐渐停止了救济行动。

在圣彼得堡，对第二次世界大战的回忆不仅存在于老年人之中。超过100万平民死亡，家家都失去过亲人。德军最高统帅部的一道命令说："元首决定将圣彼得堡从地球上抹去。""我当兵的父亲受了重伤，从医院回家，那时我母亲马上要饿死了，父亲在那最后一刻救了她。"弗拉基米尔·普京向我讲述了他父母的苦难史，那是2011年秋天我们第一次在圣彼得堡会面，汽车驶过胜利广场的围城战纪念碑时。

从1941年9月到1944年1月的871天里，德国军队围困了这座城市，切断了居民的供给。普京从来没见过自己的两个哥哥，1952

年他出生的时候，他们都已经死了。一个死在战前，一个死在围城战期间。父母幸存下来，竭力走出了创伤。“我父母不愿提起这个话题，”弗拉基米尔·普京回忆道，“我总是在有亲戚朋友来访，谈起那个年代的时候才听到这些信息。”住房是稀缺的。在一套城市社区公寓里，好几个家庭挤在一起，普京一家住在其中一个房间里。他少年时只能在后院稍稍逃避。“每个人都以某种方式活在自己的世界里。”普京描述那个时代说，“我不能说我们是一个情绪外露、交流多的家庭。他们不怎么爱与人交往。我今天仍然想知道，他们是如何应对那些悲剧的。”

这座城市的历史是他少年时代想成为情报人员的原因之一。其他原因是一个十五岁的孩子关于冒险、异国和做大英雄的浪漫幻想。他在中学和大学里学了德语。弗拉基米尔·弗拉基米罗维奇是苏联时代大学生的典型。“为了成功，我专注于两件事情：体育与学习。那很有效。”他讲述了他这一时期的生活，“我对政治感兴趣，但我不能说，我在二十岁的年纪就深刻了解政治。我那时对斯大林时代的压迫一无所知，那是与克格勃联系在一起的，我对异见人士，如物理学家安德烈·萨哈罗夫，也一无所知。”

他并不怀疑他在电视和报纸上看到的一切。而他的职业愿望能否成真，究竟是由其他人决定的。考试通过后，会经过一场国家委员会会议筛选。当局的代表从竞争者中选择他们想要的人。普京的愿望实现了。1975年通过考试后，这名年轻的法律人被克格勃雇用，接受培训，准备为驻外情报机构工作。他先是在圣彼得堡工作了几年，然后去了莫斯科，在安德罗波夫红旗学院继续接受培训。克格勃的这一机构是为组织培养精英的培训中心，大概相当于西点军校之于美国军队。

“我的工作地点不是我自己挑选的，是分配给我的。有关系的人去波恩或维也纳，因为工资是用当地货币支付的。”他解释为何他随后被送去了民主德国，“我们部门负责在该国搜集外国情报。民主德国的内部消息由其他部门负责。”他的任务是，在未来几年里从德累斯顿获取北约各国，如联邦德国的情报并招募线人。他也从德国媒体获取有用信息。

此时，国内的政治格局也在发生变化。老人组成的政治局中有新人爬到了顶端。那是苏联帝国终结的开始。特工普京在德累斯顿注意到，国内正在发生什么事，但他听到的只有传言。执政党的嘲讽者无处不在，德累斯顿的克格勃也不例外，他们说，莫斯科什么也搞不好，而身处真正前线的人，看到所有事情都可以做得更好，却没人问他们应该怎么做。这种批评充斥组织的各处。没什么特别的，都是些平常的八卦和抱怨。“权力高层究竟在做什么，我们并不知道，更不用说党的首脑中发生了什么事情。”普京谈起了驻外人员的认知状态，“然后戈尔巴乔夫上台了，带着他的改革方案。我们也清楚，从长远来看必须改变一些东西。我们毕竟是在国外工作的，看得到苏联以外的世界发生了什么，知道一切都是有可能的。”

普京参加了米哈伊尔·戈尔巴乔夫1989年对柏林的访问——庆祝民主德国建国40周年——听到了苏共中央总书记对德国政治局的同志们发出的著名警告：“危险只会等着那些不愿对生活做出反应的人。”他还听到了那一句随后被改得朗朗上口、在德国流行开来的话：“谁来得太晚，谁就会受到生活的惩罚。”他目睹了德累斯顿的示威游行，数千名群众抗议埃里希·昂纳克及其政府。

1989年底普京驻外期满时，民主德国即将走到尽头，同时在莫斯科，政治关系和个人位置也在发生变化。这使一个在变革之时从外面回来的人处境不易。更有甚者，克格勃还要裁员。

普京不想去莫斯科。他不去能够给他提供一份工作的首都，而是回圣彼得堡去。他回忆起当时做决定的理由："我当然思考过接下来应该怎么办。我要养活妻子和两个孩子。我父母已经年过八十了。但我经历过民政培训，我还有一个选择。我学过法律，而且我对圣彼得堡非常熟悉。"

弗拉基米尔·普京再次过上了平民生活。现在他接受了任务，要改善这座城市濒临崩溃的经济。为了给圣彼得堡吸引投资，他与外国公司和商人磋商——也联系了鲍里斯·别列佐夫斯基。

这名圣彼得堡市政府的新人对首都发生的政治事件持怀疑态度。1991年针对戈尔巴乔夫的政变发生后，他曾写信给情报机构请求辞职。"我们这里建立了紧急状态委员会，戈尔巴乔夫被软禁在克里米亚。"普京说，"此时，我明白了我的双重处境。一方面，我是阿纳托利·索布恰克的亲密伙伴，因此反对政变。另一方面，我还属于克格勃。尽管我是从第一总局出来的，我仍然是名克格勃，而克格勃是支持政变的。"圣彼得堡也有部分克格勃同情政变。

弗拉基米尔·普京打开新奥加廖沃别墅的办公室抽屉，找到一个装着个人文件的文件夹，拿出一封克格勃的信，上面写着同意弗拉基米尔·弗拉基米罗维奇·普京中校自1991年12月31日起解除一切职务。"但是您和您的同事们都清楚，做过一天克格勃，就永远都是克格勃。"他讽刺地补充说，"这可没有文件能帮我。"

阿纳托利·索布恰克市长去了莫斯科，以支持叶利钦反对政变。副市长弗拉基米尔·普京组织保镖，在索布恰克回到圣彼得堡时去机场接他。弗拉基米尔·弗拉基米罗维奇·普京的世界慢慢地，但确确实实地改变了，正如曾经的数学家鲍里斯·别列佐夫斯基的世界也如此改变了一样。这两个人很快要打许多交道，但在这个时候还没有人知道这一点。

第十一章　克里姆林宫，或俄罗斯轮盘赌

俄罗斯在 1990 年代是如何被洗劫一空的

鲍里斯·别列佐夫斯基在俄罗斯首都的资本就是人脉。1993年，他结识了《星火》周刊的副总编瓦连京·尤马舍夫，后者作为叶利钦的顾问进入了克里姆林宫。尤马舍夫为他打开了政治的大门。乔治·W. 布什在得克萨斯加入高尔夫球俱乐部的时候，莫斯科风行的是总统的网球俱乐部。“我是第一个被这家俱乐部接纳的俄罗斯商人。”别列佐夫斯基带着明显的骄傲口气说出了这句话，因为俱乐部里有总统的“家人”——这是对与叶利钦关系密切的顾问和政府成员的称呼。在他目标坚定的上升之路上，寡头别列佐夫斯基在资本主义新俄罗斯坚守着卡尔·马克思的旧信条：一个人真正的财富是他人脉的真正丰富。

“在网球俱乐部里，我跟政治高层，还有叶利钦总统的女儿塔季扬娜·季亚琴科都建立了良好的关系”，“季亚琴科女士和尤马舍夫先生跟我分享了政治观点”，他在法庭上道出了这种崭新关系的进

展。在这个圈子里，“家人”的概念不仅仅是比喻意义上的。瓦连京·尤马舍夫成为克里姆林宫的办公厅主任，后来与叶利钦的女儿结了婚。别列佐夫斯基在政治界登堂入室，他知道如何扩大自己的影响力。他很快就明白，媒体在接下来的政治斗争中起着什么样的作用，他下定决心加入政治的赌局之中。

他与瓦连京·尤马舍夫商议，国有的奥斯坦金诺广播电视公司有没有可能私有化。中央电视台是俄罗斯收视率最高的电视台。98%的电视观众想要获取信息时都会收看其节目。别列佐夫斯基说服了鲍里斯·叶利钦将这家媒体巨头私有化。

双方都想从这笔交易中获利。叶利钦的支持率急速下降，大部分俄罗斯人在掠夺性资本主义之下遭受着巨大的痛苦。共产党人的形象又变得好起来了。鲍里斯·别列佐夫斯基向处境堪忧的总统承诺，未来电视台将支持那些赞成民主制、在下一次大选中将鲍里斯·叶利钦作为自己唯一合法代表的选民。叶利钦喜欢这个想法，他在1994年11月29日签署总统令，将奥斯坦金诺私有化改组为第一电视台。国家持有51%的股份，剩下的49%属于私人投资者。别列佐夫斯基跟一个合伙人一起逐渐收购股份。现在他变得不可或缺了。根据新的公司章程，电视台发展方向与人员任用的决定只能服从他，不能反对他。除此之外，他还逐渐收购了各大报纸的股份。在他看来，媒体是决定性的武器，而即将到来的总统大选只是进一步的分配斗争的下一个阶段。他坚持他的基本信念：“这些人都是在苏联时代成长起来的，他们相信报纸上的一切。而电视本来就是俄罗斯人的《圣经》。”

当阿布拉莫维奇和别列佐夫斯基在加勒比海附近的一次游艇之旅中相识的时候，两个世界相撞了。阿布拉莫维奇二十八岁，白手起家，颇有成就，但没有很强的政治人脉。这个萨拉托夫人在大学里学的是工程学，在戈尔巴乔夫改革时期就早早地盯上了国内的石油产业。他的公司Petroltrans、Runicom和BMP大肆收购国有公司，如西伯利亚的鄂木斯克石油公司、萨马拉炼油厂和莫斯科石油公司，建立起分支遍布俄罗斯联邦各地的销售系统。

阿布拉莫维奇还投资航空、铝材和化肥。只要能赚到钱，他什么都投资。他建立了自己的咨询公司，用来调整他持有的股票，并帮助他继续扩大业务范围。他所缺少的只是与政治高层的接触。阿布拉莫维奇描述他那时的战略思维说："我很清楚，没有合适的政治人脉，我就不能再进步了。"他在寻找，并且幸运地找到了。

寡头的魅力

莫斯科阿尔法银行两个有影响力的领导人彼得·艾文和米哈伊尔·弗里德曼瞄准了石油市场，邀请年轻的企业家阿布拉莫维奇去加勒比海旅行。他们想投资石油行业以获取丰厚的回报，结果把他和别列佐夫斯基带到了一起。对于媒体顾问别列佐夫斯基来说，在莫斯科的舞台上并不突出因而不为他所知的"石油商人阿布拉莫维奇"是个挺不错的年轻人，很想跟人谈生意。

在接下来的几天里，这个挺不错的年轻人在酒桌上给这圈显赫人物奉上一个令人无法抵挡的主意。俄罗斯国内石油的价格远远低于国际市场的水平，他的公司能够从这种价格差之中获取巨大利润。这个方法回报丰厚，还非常简单。将来他只需要继续在国内买进，再到国外以国际市场价格售出。当然是要以比到目前为止更为大手笔的方式，因此他需要支持。阿布拉莫维奇拿出一项计划，描绘了目前进行中的国有资产私有化如何能够帮助实现这项大有前途的业务。如果能把国有的俄罗斯石油公司旗下的Nojabrskneftegaz公司和鄂木斯克石油公司列入要进行私有化的公司名单，就能组合出一个真正的能源巨头——它将成为新主人的印钞机。

别列佐夫斯基以其赚钱的本能和自身的能力立刻从这桩生意中嗅到机会，并将这个年轻人纳为自己的党羽。他承诺，他会关照这件事情，并跟总统讨论这个名为西伯利亚石油公司的新项目。他立刻亲自去找了国有资产私有化部门的负责人——他俩很熟，然后又去见了总统本人。1995年8月24日，叶利钦签署972号总统令。克里姆林宫下令批准建立新的西伯利亚石油公司，并将它列入“贷款换股权”私有化方案。

贷款换股权方案是对政府为筹集资金而进行的一项大型重新分配方案的美称。它基于想将国有企业收入自己囊中的俄罗斯商人的建议。采矿业中的明星企业如诺里尔斯克镍公司、尤科斯石油公司和卢克石油公司都将其股权的一小部分出售给了私人。该方案始终在相似的条件下执行。经济界的人和政府里的先生们相识已久，有些商人自己就曾在政府中工作过一段时间。他们拥有内幕消息。未来的企业所有者会把收购金以贷款的形式支付给国家。他们将由此获得新公司的大部分股权。这种甩卖是许多寡头拥有令人难以置信的财富的基础。

经济学家约瑟夫·斯蒂格利茨分析说：“贷款换股权方案是寡头们致富手段的最后一个阶段，这些人不仅主导着该国的经济生活，还主宰着政治生活。”斯蒂格利茨明白他在说什么。他从1997年至1999年底担任世界银行的首席经济学家，世界银行与国际货币基金组织一起向贫困国家提供数十亿贷款。国际货币基金组织以其在国际金融业务方面规定最严格而知名，它只有在俄罗斯政府进一步加强国有企业私有化的条件下才会批准数十亿贷款。“政府实际上变卖了所有值钱的东西，而与此同时，它没有能力支付养老金和社会福利。政府从国际货币基金组织获取高达数十亿的贷款，这又使它进一步负债。”直到今天，这一模式也没有太大变化，希腊就是个例子。

“我们西方人，还有我们的政府，在其中扮演的绝不是中立的、无足轻重的角色，”这位诺贝尔奖获得者说道，因为国际货币基金组织认为，“它能从根本上改造俄罗斯。”斯蒂格利茨一针见血地批评了国际货币基金组织的政策：“俄罗斯的新贵们偷走了国有企业，将它们瓜分一空，留下一个被抢得精光的国家。别列佐夫斯基[……]所控制的企业都被经营到破产。”比尔·克林顿的政府想不惜一切代价保住鲍里斯·叶利钦并坚持私有化。美国财政部长劳伦斯·萨默斯施加巨大压力迫使斯蒂格利茨辞职。被迫离职两年后，他于2001年获得了诺贝尔经济学奖。

罗曼·阿布拉莫维奇不是唯一打着一肚子小算盘想要赚几十亿的人。其他寡头也在利用形势，系统化地为自己捞钱。例如，米哈伊尔·霍多尔科夫斯基以3亿多美元的价格买下国有的尤科斯石油公司。不久，该公司市值达到近80亿美元，并且还在不断上涨。国家私有化委员会委托梅纳捷普银行拍卖尤科斯。但梅纳捷普也是霍多尔科夫斯基参股的，把尤科斯再一次卖给了他。国家支持的淘金热就是，谁能搞到钱又有关系，就能紧接着赚到更多的钱。别列佐夫斯基是最了解游戏规则的一个人。叶利钦的总统令颁布一个月之后，私有化管理机构同意拍卖西伯利亚石油公司。这是一场没有风险的赌博。

根据协议，如果政府在一定时间内无法偿还贷款，债权人就自动成为公司的所有者。“实际上是不可能偿还贷款的。俄罗斯政府已经破产了。叶利钦总统从中看到了巨大的好处：有极少几位非常有钱、有权力的商人，从长远来看，他们有办法也有动机来确保俄罗斯的改革进程。”别列佐夫斯基后来写道。

国家通过这次拍卖获得了超过1亿美元。十年后，2005年10月，罗曼·阿布拉莫维奇以131亿美元的价格将西伯利亚石油公司72%的股份出售给俄罗斯天然气工业股份公司。这就是为什么鲍里斯·别列佐夫斯基要告上法庭。现在他想要他的那一份。他说，在西伯利亚石油公司成立时，他和当时的合伙人跟阿布拉莫维奇曾达成一项协议。作为对他努力的回报，新公司未来的利润应当由双方共享。别列佐夫斯基的合伙人作为见证人缺席了。很不幸的是，他在2008年已经去世。没有书面协议。

阿布拉莫维奇在伦敦高等法院给伊丽莎白·格罗斯特法官讲述了另一个版本，一个老式黑手党作风的俄罗斯特版。他说，他搞定了一个Kryscha关系。“我与别列佐夫斯基先生的Kryscha关系是与某个利用政治人脉解决特定问题的人的那种关系。他利用这个赚钱。他不是传统意义上的商业伙伴。”“Kryscha”这个俄语词意思是“屋顶”，而屋顶意味着保护。“就是与这样一种人的协议。这个人提供保护，确保一切按照客户的意愿发展，为客户清除障碍。”

在当时，同样重要的是“人身保护，因为我那时在跟钱打交道”，阿布拉莫维奇描述了协议的另外一部分。这种特殊的保护由别列佐夫斯基的合伙人、格鲁吉亚人巴德里·帕塔尔卡齐什维利提供，以他在这一行业中最好的关系担保。这份协议价格很高。“只要保护者提供顾客所需的服务，顾客就要付钱，无论‘教父’什么时候提出要求，要求多少。”阿布拉莫维奇介绍说。

这真是一个相当昂贵的“屋顶”。别列佐夫斯基要用一架飞机、租一条游艇、在蓝色海岸的昂蒂布角买一座房子的时候，他就把账单送给他的被保护人。对方律师承认，阿布拉莫维奇确实付了账。最开始是3 000万一年，后来是5 000万一年，而当2001年曾经的“教父”流亡海外、在俄罗斯已经没有影响力而退出时，还付给他12亿美元。

法官在就保护费问题听取多位专家意见之后，写下了她的结论。这也是对苏联解体后俄罗斯国内关系的一份简明扼要的总结。在当时，没有Kryscha关系是无法做生意的。这是某种交易——用政治影响力或人身保护或犯罪活动换取金钱。多数情况下，这些都包含在内。

这次合作没有签字盖章，对此，前政客别列佐夫斯基也在法庭上做了说明。是阿布拉莫维奇请求，不要让他，别列佐夫斯基的名声危及公司。万一叶利钦在接下来的1996年大选中失利、共产党卷土重来，他就会成为新统治者的目标。

第十二章　将失败作为机遇和形势

普京从圣彼得堡来到莫斯科

弗拉基米尔·普京1996年在圣彼得堡过得也不怎么好。这一年有地方选举。普京是他所依附的市长阿纳托利·索布恰克竞选活动的组织者之一。但市长最终以微弱劣势失败了。胜利者弗拉基米尔·雅科夫列夫从前也是市政府工作人员，他向普京提议，继续保留普京的职位，以后为他而不再为索布恰克工作，但普京出于忠诚拒绝了。“我是索布恰克的心腹之一。我们失败后我就失业了。很明显，我在圣彼得堡找不到任何其他工作。”他在自己的乡间别墅蜗居了几个月，独自舔舐伤口并寻找工作。

多年之后，鲍里斯·别列佐夫斯基在伦敦与我们会谈时还对普京的行为大摇其头。“我真的很吃惊，”他说，“他那时候拒绝为新市长工作。他跟我说，他不愿意改变态度。”这种不知变通对于别列佐夫斯基来说是陌生的。

过了一段时间，普京得到了克里姆林宫提供的职位，于是在夏末迁往莫斯科。曾与他在圣彼得堡共事的阿列克谢·库德林作为经济学家任职于总统办公厅，他替普京说了话。库德林回忆说："我那时任总统办公厅副主任，知道普京在找工作。我就去找阿纳托利·丘拜斯谈话，他在圣彼得堡时知道有这么个人，于是事成了。"克里姆林宫的资产管理局还有一个职位空着，弗拉基米尔·普京从此就担负起了管理国有资产的责任。他行为谨慎，入迷地观察着政治是如何运作、决议是如何做出的，并学习谁要说什么话，谁不能说什么话。从现在开始，还需要三年时间他就会成为俄罗斯联邦的总理。之后再过半年，就会当上总统。

普京在2000年5月接了鲍里斯·叶利钦的班，而叶利钦在1996年这决定性的一年同样在为自己的职位而奋斗。持续不断的车臣战争、公开化的阴谋诡计和不受欢迎的改革努力已经让总统丢掉了不少同情分。民意调查数据是一场灾难。根纳季·久加诺夫是共产党的候选人，是接下来将于早春进行的总统大选中叶利钦最强大的竞争对手，他在民意调查中的排名大幅度领先。在苏联解体五年之后，共产党人现在又给出稳定局势、重回美好时光的许诺。鲍里斯·叶利钦的支持率始终在3%至5%之间徘徊，居于候选人的第四位，远远落在后面，而久加诺夫则以20%的支持率位居第一，他所在的党派在此前的议会选举中已经取得了良好的结果。

民意调查结果和老古董共产党员轻松上位在1月份的达沃斯世界经济论坛上引起了西方企业巨头们的注意。董事会成员们兴致盎然地谈论着俄罗斯可能的下一任总统，尽管共产党人并不是资本主义高层圈子的第一选择。鲍里斯·别列佐夫斯基和寡头集团也参加了在瑞士山区举行的这一峰会，他们受了惊吓，立即召集了一场危机会议。

与会者除了招兵买马的别列佐夫斯基之外，还有投机行业的新星们，如米哈伊尔·霍多尔科夫斯基、弗拉基米尔·波塔宁、弗拉基米尔·古辛斯基。他们的共同点除了巨额财产之外，就是对彼此的深深厌恶。但是在3月与鲍里斯·叶利钦会面的七巨头，几乎都从国家的再分配方案中获利了，他们害怕失去的东西太多了。万一共产党赢得大选，新任总统久加诺夫很有可能会推翻私有化。亿万富翁们将赤裸裸的恐惧转变成了集体行动。别列佐夫斯基描述他们一伙人的情绪说："共产党会把我们挂路灯的。如果我们现在不改变我们的处境，一切就会太晚了。"而鲍里斯·叶利钦健康状况也不佳，还有心脏问题，这又加剧了局势的严峻性。

他们向现任总统承诺会拿出数百万用于竞选活动，并用他们最好的人手组成一支特殊的竞选团队。这是一项特殊的金钱搭桥手术。为确保叶利钦再次当选而成立的私募基金会有一个恰如其分的名字："私有财产保护中心"。寡头们要任命一个为他们创造了财富、与他们彼此信任地合作了多年的人物来担任负责人。他必须保护他们，防止他们失败。"救世主"名叫阿纳托利·丘拜斯，叶利钦的财政部长和国家私有化的设计师。他将领导竞选活动。这将是一场非常肮脏的战斗。

权力与媒体

寡头们联合起来，在媒体发力。鲍里斯·别列佐夫斯基由第一电视台和多家报纸组成的帝国跟古辛斯基的MediaMost公司及其旗下的俄罗斯独立电视台联手。就连政府所有的俄罗斯国家广播电视公司也加入了这个强大的联盟，对根纳季·久加诺夫和共产党展开征讨。俄罗斯独立电视台的伊戈尔·马拉申科这样的顶尖记者被调入总统的竞选团队。选举结果被推到了俄罗斯命运的高度。在德国和美国，赫尔穆特·科尔和比尔·克林顿也在担心共产主义可能复兴。当时的口号是：跟叶利钦走向民主的未来，跟久加诺夫回到黑暗的过去。从美国飞来了竞选专家，在接下来的几个月里，他们要在莫斯科总统酒店安营扎寨，策划电视竞选活动。"拯救鲍里斯"，《时代周刊》在投票结束后不久这样称呼美国顾问在莫斯科这场权力斗争中成功完成的使命，并在封面上放了一张因胜利而大醉的叶利钦手持美国国旗的漫画。

支持不仅停留在技术层面上。寡头们撒出数十万美元，用于贿赂俄罗斯记者。由于持续的经济危机，媒体的日子也不好过，几乎得不到任何广告和订阅。因此一种替代性的商业模式产生了。正面报道可以定制，就像从隔壁饭店里叫外卖一样。"甚至是在最好的报纸上"，《纽约客》描述了这个行业的衰落。那只是价格问题。《华盛顿邮报》的头条便是：《叶利钦如何为支持他的竞选报道付费》。

有些记者不光是为了钱而写作，肯定也由于不愿看到叶利钦失败。还由于他们害怕新的媒体自由可能再次让位于一种苏联式审查。美国哈佛大学的一项研究分析了这些新闻报道，计算出在第一轮投票中有492篇对叶利钦的正面电视报道，对久加诺夫则有313篇负面报道。国际货币基金组织在竞选之初就宣布，可以给俄罗斯追加10亿美元贷款。

这些造势产生了效果，鲍里斯·叶利钦摆脱了绝望的境地，支持率从第四位一跃而至候选人之首。1996年7月3日，总统以54%的得票率连任成功，根纳季·久加诺夫则得到了40%的选票。鲍里斯·别列佐夫斯基以媒体为助力点石成金的目标已渐实现。"为了改革能继续进行，我们以电视为武器击溃了共产党。”他强调了他的胜利。在接受《金融时报》采访时，他表露出进一步的期望：“我们聘请了阿纳托利·丘拜斯，为叶利钦取得胜利投入了大量资金。现在我们有权占据政府职位、享受胜利果实了。”

先是亿万富翁和银行家弗拉基米尔·波塔宁作为副总理插手私有化进程，然后阿纳托利·丘拜斯接替了他，丘拜斯还作为总统办公厅主任接手了对克里姆林宫的管理。此外，别列佐夫斯基成了国家安全委员会的副主席。石油大王米哈伊尔·霍多尔科夫斯基继续以国家为代价扩张自己的帝国。别列佐夫斯基的日报《独立报》描绘了寡头们在接下来几年里的规划：“在俄罗斯做生意，政治是回报最丰厚的领域。并且将永远如此。我们抽签决定让我们队伍中的哪个人去做这项权力工作。”

不过，弗拉基米尔·普京也在这次大选中获得了一条重要的经验。媒体创造事实，而无须反映事实，媒体可以在政治生意中作为非常有效的武器来使用。寡头们并没有注意到这位圣彼得堡来的不起眼的人，他在叶利钦的第二总统任期开始时作为高级技术人员来到克里姆林宫。虽然弗拉基米尔·普京已经或多或少跟莫斯科的帮派打过交道，但到此时为止还只是从远处观察他们。现在，他很快就可以从近处认识他们了。他学得很快。克里姆林宫的工作成了强化班，快速地教给他在跟权力和统治者打交道时所必需的一切本领。在情报部门、驻外机构和地方政府之后，总统办公厅成了他通往总统的培训之路上最后阶段的训练场。

第十三章　抵达克里姆林宫

崛起，或边做边学

黑色的奔驰车闪着蓝色的信号灯停在距离红场不远的大波良卡附近的院子里，这是一个明确的信号，说明这里的住户是个重要人物。汽车黑色真皮座椅上坐着的两个敦实男人也很能说明问题。这种样子的车和人在莫斯科是上流社会标准配置的一部分，是为了在大城市的密集交通中在超车线上更快地前进。

瓦连京·鲍里索维奇·尤马舍夫是个富有的商人，他的办公室就位于这座老房子的二楼。墙上除了挂着家人的照片之外，还有对他仍然活跃于政坛的那个时代的回忆。他曾是传统周刊《星火》的编辑，这份杂志此前是戈尔巴乔夫经济改革和开放政策的桥头堡，旗帜鲜明。尤马舍夫先是以叶利钦的影子写手身份而闻名，后来成了克里姆林宫的幕僚长，最后还成了叶利钦的女婿，在2001年娶了叶利钦的小女儿塔季扬娜，那是她的第三次婚姻。“塔尼娅和瓦拉亚”，这对位高权重的夫妻在结婚前很久就被克里姆林宫的内部人士如此称呼了，他们对国内发生的事件具有相当大的影响力。直到现在，这个家庭在俄罗斯上流社会中仍然人脉广泛。波丽娜，尤马舍夫第一次婚姻中出生的女儿，门当户对地嫁给了一个寡头，新郎也是在私有化时代走了运，成为这个国家最富有的人之一。当然，鲍里斯·别列佐夫斯基也在这个家庭的小圈子里。

瓦连京·尤马舍夫在1996年由阿纳托利·丘拜斯接纳进权力的中心，丘拜斯这位改革家在叶利钦总统的领导下将总统办公厅改造成了高效的行政部门。如此一来，尤马舍夫成了弗拉基米尔·普京在克里姆林宫的最初几年里的顶头上司。我们在2015年5月如约见面，这位当时年近六旬的前记者面对我的提问一直很友善，但总是在经过谨慎思考之后才会给出回答。“普京并不是最重要的工作人员，”他描述起当年的任务分配，“但我们相处得非常融洽。他由于稳重可靠而受到赞赏，而且他效率很高。我们夜以继日地工作。我们穷得水快淹到脖子了。我们吃了上顿没下顿。”

长期规划是不可能的。政治决策只能随机应变。例如，国防部长急需用钱，要在短期内改善军队的状况，叶利钦批准了这项支出，虽然他的顾问全都反对。他只是无法再不理会将军们的嘟囔抱怨了。他不能让军方现在也转而反对他。他已经被告知他的决定会带来什么后果，尤马舍夫不愿回想起那些后果。“如此一来，我们既不能支付退休金，也不能支付公务员工资。私有化方案快完成了。我们已经几乎没有什么能卖的了。”

在人事主管尤马舍夫看来，这位新同事弗拉基米尔·弗拉基米罗维奇·普京是不引人注意的模板，他话不多，准时给出良好的工作成果，在与同事们的交往中也很正派。有了在圣彼得堡的经历之后，他从政治中脱身，专注于工作。不引人注意的天赋帮助他摆脱了权力中心日常的尔虞我诈，人们简直怀疑他是否拥有化身办公桌后的壁纸花纹的卓越能力。他所处的局面很快就让他大致了解到国家的状态怎么样——其实并不怎么样。

他的职业生涯快速起步，成为总统办公厅监察总局的局长。总统办公厅监察总局是这一颇具影响力的监察中心的正式名称，它是一家内部审计机构，监控政府的钱流向了哪里，是否到了它应该去的地方。法律专家普京很快就清楚地了解到，许多腐败案是如何发生的。普京派出特别工作组，与司法和金融机构展开合作，以阻止对本来就捉襟见肘的公共资金的滥用。他的上司尤马舍夫不久升任总统办公厅主任，成为克里姆林宫事实上的第二人，此时普京升职为他的副手，继续在国家权力机器中探险。现在，他负责中央政府与俄罗斯80多个地区之间的关系，他很快就看到中央政府是多么无力，注意到黑手党式的家族或寡头如何给自己购买州长职位或让自己被选到能获取利益的关键位置上去。

这份工作带来的另一个影响就是，普京现在需要经常与总统见面，向他解释遥远的符拉迪沃斯托克或鞑靼斯坦首府喀山存在什么问题。他也是那个提出解决冲突之建议的人。他们有时会一起旅行，叶利钦对这个从圣彼得堡来的低调男子的评价日益提高。克格勃的继承组织联邦安全局在“叶利钦家族”看来总是太为自己盘算、行为不忠，所以总统在1998年7月决定为它找一位新局长时，立即不假思索地提拔了曾经的特工普京，而此时普京正在度假。普京犹豫是否要回到老环境中去。

“休假回来面对这一切时，我并不高兴。”普京将当时的顾虑以及回到情报工作中的决定视为他人生中的一个转折点，“现在又要开始那种准军事生活了，处处受约束，而我已经把那些抛在脑后好多年了。我从德国回来时，有意识地做出了不一样的决定。长久以来，我都过着另一种生活。我很喜欢刚刚在克里姆林宫得到的职位。”

他还是接受了这一任命，只是有一个条件。他拒绝了按规定被任命为将军，先是说服瓦连京·尤马舍夫，然后说服叶利钦，他能够以平民身份领导联邦安全局。“他善于分析复杂的局势，与老的克格勃将军们截然不同。他切断了旧时的关系，转型了，而且最主要的是他很忠诚。这让叶利钦觉得普京更有趣了。”尤马舍夫总结这两个人之间的信任关系说。弗拉基米尔·普京进入了权力圈子，每周都要在定期形势讨论会上面见总统。

他现在是有着特殊规则的政治权贵阶层的一员。这是一种封闭在茧中的生活，这个茧是由具体的权力和对自身重要地位的维持织成的。他日日夜夜被安全人员和机要人员包围，受环境影响还产生了自大想象。出于安全原因，他的两个女儿离开了莫斯科的德语学校。任何一场会面前都要先按安全命令检查住所或见面场所，私人会面也不例外。家人的热情是有限的。

新任联邦安全局局长做着他以前做过的事情。他专注解决重要问题，并将新人带进组织里，这些人都是他在圣彼得堡时就相识已久的。他设立了一个新部门处理经济犯罪，确保税务调查以不同于以前的组织方式进行。他系统地整合了资源，这些资源他随后将用于他的政治生存斗争。“我早就想整顿秩序了，”弗拉基米尔·普京描述新职位给他带来的可能性，“叶利钦给了我机会。国家政府几乎是不存在的。”弗拉基米尔·普京一直是位实用主义者。他不知道自己有没有能力一直待在高层参与这场权力的游戏。但他为可能出现的情况做好了准备。个人生活方面就没那么好了。他每个周末都飞回家乡。他的父母熬过了德国军队的围困。现在他们已经年近九十，都得了癌症。

鲍里斯·叶利钦在他的第二总统任期里就像扔掉不合适的手套一样更换总理。有时议会会阻止一次计划中的任命，有时总统需要给经济上的苦难找一头政治上的替罪羊。普京被任命为联邦安全局局长时，恰逢前能源部长谢尔盖·基里延科短暂地担任总理，民间给他起了个绰号叫作“神童”。他刚满三十五岁，上任刚刚半年便成为历史。经济危机在1998年夏天达到高潮。银行倒闭，卢布崩溃。俄罗斯最大的煤炭产地之一库兹巴斯的矿工举行了罢工，因为他们已经连续几个月没有看到一分钱了，而他们不是唯一一群口袋空空的人。

前情报局长和外交部长叶夫根尼·普里马科夫作为基里延科的继任者坚持了八个月。他有议会支持，对总统来说威胁越来越大。别列佐夫斯基和寡头们也担心这个狡猾的战术大师会作为候选人在下一次总统大选中上位。叶利钦用前内务部长谢尔盖·斯捷帕申取代了这名竞争对手。斯捷帕申将成为俄罗斯任期最短的总理。他只当了89天总理，从1999年5月到8月初。在最后一天，他简短而沮丧地向内阁宣布了他的继任者：“早上好。我站着，因为我不会再在那把椅子上坐多久了。今天早晨我跟总统谈了话。他签署了我的辞职令，对我的工作表示感谢，解雇了我。我的职务由弗拉基米尔·普京接任。”

“我的任命从根本上讲是很奇怪的。”谢尔盖·斯捷帕申描述了他短命的总理生涯，“本来应该由铁道部长阿克肖年科当总理。我那时是内务部长和副总理。叶利钦突然给我打电话说：‘你被任命了。’我问他为什么。他只是回答：‘该来的必须来。’”

谢尔盖·斯捷帕申在2015年作为俄罗斯审计院院长退休。他是圣彼得堡人，他和普京在那里认识。与普京出生于同一年的斯捷帕申在苏联的安全机构中长大。在1991年8月反对戈尔巴乔夫的政变中，时任杜马议员的他向叶利钦和戈尔巴乔夫这边表示了忠诚。叶利钦随即委任斯捷帕申调查克格勃卷入政变的程度，之后任命他为联邦安全局局长，那是1994年，当时安全局还不叫这个名字。

"叶利钦家族"长久以来就在寻找可靠的候选人，他在这个动荡的时代不仅要能够胜任总理，也要能够接替经常生病的总统。弗拉基米尔·普京的名字出现得越来越频繁。瓦连京·尤马舍夫在他们在莫斯科共事之初注意到的品质，这次又让联邦安全局局长成了宠儿。低调内敛的行事方式。足可夸耀的工作成果。能够适应繁忙工作的过硬身体。忠诚，高效，显然没有任何私人野心。他的影响力局限在一定范围内，几乎看不到他自己的党羽，一切都让人觉得他就是那个很容易掌控的候选人。他是叶利钦圈子自身利益的理想管理者。鲍里斯·别列佐夫斯基，这个"家族"的朋友，也参加了确定国家未来管理者的讨论会。

"我们那时不断讨论，谁会是下一任总理的人选。同样清楚的是，他从这个起始位置出发，必须成为下一任总统的候选人，以实现平稳过渡。叶利钦在任命斯捷帕申之前就已经决定选择普京。"瓦连京·尤马舍夫这天下午在他位于大波良卡的办公室里回忆道，他还贬低了别列佐夫斯基在"叶利钦家族"中的作用。"叶利钦从战术上做了考虑，他不想让普京在紧张的局势下白白葬送掉。因此他先是任命斯捷帕申为总理并抛弃了他。别列佐夫斯基立马跳上飞机，找到正在度假的普京，告诉他：'你要成为下一任总统。'他这么做，好像这一切都是他搞定的。这就是他的商业模式。他总是用不完整的信息做交易，用这种手段来赚取依赖和感激之情。”

别列佐夫斯基去世前不久在伦敦与我们面谈时，他的回忆却有所不同。他是奉总统之命飞往普京的度假地比亚里茨的，要看看候选人自己对这个建议有什么想法。“别列佐夫斯基来找了我，”弗拉基米尔·普京证实了这位寡头的飞行访问，“我很惊讶，当然我也知道他很有影响力。”对他来说，这个提议本身也很意外。他不确定自己是否是这个职位的合适人选，他回到莫斯科，告诉叶利钦他的疑虑。他得到的回答是：“你自己考虑一下，然后我们再来谈。”但是留给他的考虑时间已经不多了。

尽管偶有自我怀疑，但弗拉基米尔·普京对得到成为接班人的机会还是很感激的。然而，被自身难保的总统提名在那个危机时代并不一定意味着在政治生涯中了大奖。叶利钦的权威一天天瓦解，而普京也看到过，鲍里斯·叶利钦的日子不好过时是如何一个又一个地废掉总理的。寻找可靠的接班人是出于情势所迫，不是出于自由的行动。

“当时在反对派和议会中，大部分人都相信，任何一个叶利钦提名的候选人都获得了失败的保证。”普京回忆道，并概括了他对是否真应去就任总理的思考，“一方面，我认为绝对有必要阻止国家结构崩溃，如果我们还想活下去的话。我无论如何都要阻止它。经济上没有通往苏联的回头路可走。另一方面，我不确定我是正确的人选。”

他最终还是同意了。对他来说，这个决定意味着彻底的角色转换。情报机构负责人的最高工作守则是自然低调，在专业范围以外近乎隐形。一条很适合他的规则。将内心世界对外表达出来，他还从未做过。就算是对妻子柳德米拉，他也是在结婚前不久才告诉她，他为驻外情报机构工作。而作为总统，他必须彻头彻尾地改变这种态度。

弗拉基米尔·普京成了公众人物，由于职位的关系他要每天公开露面、树立形象。为了停留在权力顶峰，他要在俄罗斯扮演多种角色。首先是有男子气概的公众英雄，这在俄罗斯是受到称赞的——一个与老病的酒鬼叶利钦相反的形象。那时，他就不在乎西方会不会感到不适。“我又没有去应聘德国总理的工作，”他讽刺地说，“我是去争取俄罗斯总统的职位。”他将比以往更加严密地保护私人生活。像美国总统，比如贝拉克·奥巴马一样带着老婆孩子全家公开亮相对他来说是不可接受的。

在叶利钦于1999年8月任命他为总理之前几天，他的父亲去世了。他的母亲也未能看到儿子的进一步发展。她已经在几个月前因癌症去世。在于圣彼得堡举行的葬礼上，除了家人和亲戚，只有几个朋友露面。在接下来的几年里，他们将成为俄罗斯头号人物所倚靠的非正式网络的一部分。俄罗斯议会就17个月以来的第五任总理的投票进行得很顺利。几个月后，1999年12月31日，鲍里斯·叶利钦总统提前辞职，任命弗拉基米尔·弗拉基米罗维奇·普京为他的继任者。他面临着真正的挑战。苏联解体近十年之后，俄罗斯正处于绝望的境地。

统计数据只能揭示千禧年前俄罗斯的部分现实，前世界银行首席经济学家约瑟夫·斯蒂格利茨如此写道，但他随后还是给出了惊人的数字。1989年，苏联只有2%的人生活在贫困线以下，即每天生活费低于2美元。十年之后，这个比例上升到了总人口的近25%，而超过40%的俄罗斯人每天的生活费不超过4美元。超过半数的儿童生活在归类于“贫困”的家庭中。俄罗斯的工业生产比十年前减少了60%。甚至“畜牧业也下滑了一半”，诺贝尔奖得主斯蒂格利茨写道。弗拉基米尔·普京的起点并不令人乐观。

某俄罗斯大银行董事会内部流传的一份分析师对新任总统的评估备忘显示，没有迹象显示在不久的将来会发生彻底的改变，一切照旧：“普京在过去十年里主要是在执行他人的命令。他没有任何政治决策的经验，并且只能孤军奋战。他仍被叶利钦的慷慨所淹没。他天性顺从，感觉自己依附于别列佐夫斯基集团。”这份备忘差不多跟德国记者对普京2012年连任情况的预测一样“精确”。

第十四章 作战区域扩大

车臣战争与反击寡头

根纳季·什皮贡将军在1999年3月5日上午陷入绝境。行动计划精确，只持续了几分钟时间。攻袭格罗兹尼机场上等待前往莫斯科方向放行信号的TU-134型飞机的蒙面人都很清楚他们的目标是谁。绑架者将这位俄罗斯驻车臣全权代表拖出飞机，塞进早已备好的汽车消失不见了。全权代表的尸体直到4月才在车臣南部的一个村庄中被发现。

几个月后，在8月份，几百名武装圣战分子进入高加索地区的达吉斯坦共和国。宗教激进主义者在车臣分裂势力领导人沙米尔·巴萨耶夫和来自沙特阿拉伯的切尔克斯人伊本·哈塔卜的带领下宣称要将达吉斯坦变成伊斯兰共和国。但他们无法说服民众将他们当作解放者来迎接。恰恰相反：大多数人视他们为偏激的篡权者并奋起抵抗。俄罗斯军队最终在几周的战斗之后歼灭了这支所谓的伊斯兰国的先锋队。

到了9月，莫斯科和其他俄罗斯城市多日里发生多起公寓楼爆炸案。数百人死亡、伤残。因此，新总理弗拉基米尔·普京向车臣宣战，尽管这根本不在他的职权范围内。

“我那时想，这就是终结的开始了，在它真正开始之前。解决冲突实际上属于总统的职权范围，我本可以低调一些，坐等总统大选的到来。但事实上我不可能那么做。”弗拉基米尔·普京暂停了一下，倒了一杯茶，然后才开始解释，他采取那一步紧急举措的理由西方国家只有在2001年的“9·11”事件之后才能理解。

“我作为总理在程序上根本无权那样做，因为那是总统的事。但如果我当时不坚持，俄罗斯就会陷入一系列无休止的血腥的局部战争之中，我们就会成为第二个南斯拉夫。所以，我就那么做了。”

这是新当选的总理从苏联时代继承来的古老冲突。斯大林让近50万车臣人迁到哈萨克斯坦，他的理由是，他们曾经与德国军队合作。他的继任者尼基塔·赫鲁晓夫又允许他们回到家乡。1991年苏联解体时，车臣总统焦哈尔·杜达耶夫，一名曾在莫斯科服役的将军，在11月1日单方面宣布这个前苏联加盟共和国独立，不过只有格鲁吉亚短暂地承认过它的独立。

该国随后的“车臣化”运动导致了大逃亡，数月之内有超过20万名俄罗斯人回到故乡，鲍里斯·叶利钦下达了第一次军事干预的命令。这是一次血腥的、不受欢迎的冲突。极高的损失在俄罗斯民众中引发了反对战争的抗议。俄罗斯无法赢得跟这个小国的冲突，叶利钦在连任前不久签署了停火协议，这只是徒劳地掩盖可耻的失败。一年之后的和平协议把独立的问题排除在外。车臣在接下来的几年里发展成了典型的“失败国家”。军阀和部族之间在伊斯兰、车臣独立战争或其他商业利益的驱使下激烈对抗。绑架成了有利可图的商业行为。国家权力结构几乎不复存在。

1999年，新的针对车臣的战争是在各种艰苦和残酷条件下进行的，不计损失。俄罗斯军队的轰炸导致数百名平民丧生，伊斯兰主义者的游击战将俄罗斯军队逼到了极限。阵亡士兵的数量非常大。“我们在纸面上有一支庞大的军队，但几乎没有一个单位可以用于那次军事行动，”普京总结道，“那是一场噩梦。”战争的血腥震惊了人权组织和政治家。西方批评这是典型的克格勃阴谋，在苏联解体之后，俄罗斯显然还没有明白前共产主义政权以外的文明和独立价值何在。

在俄罗斯则相反，此前默默无闻的政治家弗拉基米尔·弗拉基米罗维奇·普京的支持率因其标志性的强硬态度飞跃式上升，这也得益于他与众不同的言论，比如他宣称，要到处追查恐怖分子并消灭他们——如果有必要的话，“甚至在厕所里的也不放过”。弗拉基米尔·普京试图解释为什么要如此行事，他致力于与美国展开合作。在发表于1999年11月《纽约时报》上题为《为何我们必须行动》的文章中，这位新科总理写道：“因为我们非常重视与美国的关系，美国的感受对我们来说很重要，所以请允许我解释一下我们的行动方式。请先将那些关于高加索地区的戏剧性新闻放在一边，想想和平的生活。纽约或华盛顿的普通人正在家里睡觉。突然发生爆炸，数百人死在自己家里，就在华盛顿的水门公寓或曼哈顿西区。数千人受伤，其中一些人很可怕地失去了胳膊或腿。最初只有事发地附近被恐慌笼罩，然后整个国家都陷入恐慌。”描绘了这一假想场景后，他继续写道：“俄罗斯人不必去想象这样的情景。在莫斯科和其他城市，三百多人已经遭遇了这种致命攻击，恐怖分子布置好炸弹，炸毁了五座公寓楼。”

不到两年之后，这一恐怖的设想变成了现实，伊斯兰恐怖分子攻击了纽约的世界贸易中心，美国开始和它的盟国一起投入一场全世界范围的反恐战争，这场战争一直持续到今天，数以万计的人因此丧生。但就在此前不久，还有普京的反对者在西方散布说，莫斯科的攻击是由总理亲自下令的，就为了提高他的支持率。他们拿不出充分的证据。对弗拉基米尔·弗拉基米罗维奇·普京的妖魔化最迟从这个时间点就开始了。

对于鲍里斯·别列佐夫斯基来说，提名弗拉基米尔·普京为候选人的决定只不过是一个成熟商业模式的合理延续。他和他的门徒罗曼·阿布拉莫维奇（此人此间也如同他的导师一样在克里姆林宫行走）组织起一个总理竞选联盟——一个叫作“团结”的党派，在12月份换届之前参加了议会选举。该党很快找到了一个领导人。普京的朋友谢尔盖·绍伊古部长成了它的主席。如果团结党失利，总理自己是不愿意作为总统候选人正式跟任何一个政党扯上关系的。该党成立的唯一目的是，在议会中为他提供一个立足处。

老式的劳动分工再次被证明有效。鲍里斯·别列佐夫斯基如鱼得水，如同在上次的叶利钦竞选中一样，他动用了他久经考验的媒体帝国来处理公共关系，诽谤共产党阵营里的政治对手。

其余寡头用现金为这些行动支付会员费。阿布拉莫维奇不光掏钱，而且多亏了他的“教父”，他走上了通往权力的道路，与叶利钦的女儿塔季扬娜建立起关系，也近距离认识了普京。这两个人互相评估，发现彼此并没有合不来。普京在即将到来的那场反对寡头的战斗中可以好好利用他。新领导人的内敛特质促使他将接下来的头号政策投放在了经济上。与其他寡头不同，这名年轻的亿万富翁至少在国内没有培养出暴发户的态度，而是脚踏实地，明确地在俄罗斯为自己树立起坚定的商业先锋形象。他只在外国进行挥霍无度的高档消费。别列佐夫斯基善意地看待他的发展，尤其是他定期缴保护费。“我将他看作我在年轻一代人中的门徒。我们两人都有所期待，他能够维持跟‘叶利钦家族’中下一代人的良好关系。”别列佐夫斯基本人将很快被这种世代交替排除在外，这件事情完全超乎他的想象。

新的政党团结党在1999年12月的议会选举中给人带来惊喜。他们以23%的得票率一举成为共产党之后的第二大党团。12月底，在新年的前一晚，叶利钦辞职，任命弗拉基米尔·普京为临时总统。几个月后，在2000年3月举行的总统大选中，普京以绝对优势战胜共产党候选人根纳季·久加诺夫。

车臣只是普京的许多条战线之一。在国内的政治战场上必须有力地澄清这一问题，即克里姆林宫是会重新成为俄罗斯独立的政治中心，还是会继续作为寡头们所把持的一个行政中心。这将成为弗拉基米尔·普京职业生涯中决定性的一步。这个“天性顺从”的人在接下来几个月里正式向那些推他登上总统宝座的人说明，他们的极限在哪里，并尝试建立起不同的游戏规则。

“他们败坏了整个国家。显然我们必须采取有力措施，哪怕要冒着失败的风险。况且，我们也没有什么可失去的了。”弗拉基米尔·普京在回顾他的最初境况时说，“这就是我站出来的原因。”

不足与动力

弗拉基米尔·普京在过渡时期的行动很有策略，他逐渐撤换掉了关键岗位上的人员。在他看来，克里姆林宫更像一座迷宫，而不是权力中心，这个印象决定了他的战术。他开始削弱“叶利钦家族”的影响力。叶利钦的女儿塔季扬娜和尤马舍夫离开了总统办公厅，他们的位置换成了普京的自己人。总统一方面跟经济巨头划清界限，另一方面他也很清楚，没有谁能替代他们。他的问题是所有平步青云者共同的问题，一朝被推到权力的顶峰，为了生存，就必须平衡。弗拉基米尔·普京直到今天还在使用的方法是让关系和责任互相影响。他必须依靠他可以信任的人，而这些人一般都来自他过去所处的熟悉环境。来自圣彼得堡市政府或来自安全部门。其他有资格的合适人选拿着令人目眩的薪水在众寡头的世界里工作，他们有着截然不同的思路。这一代人的资本主义宣言由米哈伊尔·霍多尔科夫斯基在1992年出版的《拿卢布的人》里总结成朗朗上口的一句话：“利润就是我们的指南针，资本就是我们的经济尊严。”——丝毫不计后果。

谢尔盖·伊万诺夫是普京的亲信之一，普京还在联邦安全局局长任上时就给他打过电话，将这位自己可信赖的人安插进权力高层。如今，他是总统办公厅主任，也是这个国家最具影响力的政治家之一。他们俩都是圣彼得堡人，关系密切，在接受克格勃第一总局培训时就已经相识。“如果你不想进外交部的话，这个部门可以给你唯一的出国机会，你在国外能感觉自己是个自由自主的人。”曾经的情报官员谈起他当时的工作选择，“外交部不是特别有吸引力。我们在这个部门的一个很大的好处是，很早就能看到一些与苏联不同的东西。我是一个间谍网络的负责人。我们长期做分析，分析西方国家的政治、经济、文化体系为何能够运转，而我们的为何不能运转。”

和普京一样，伊万诺夫长年生活在西方国家，在赫尔辛基和伦敦，也去过非洲。他不是普京唯一来自情报部门的亲信。普京招募的人员都兼具精英的自信和个人使命。他着手提拔他们的另一个原因是，在俄罗斯国内的混乱达到新高潮时，极度缺乏可用之人。

谢尔盖·伊万诺夫虽然有旅行自由，但现在并不好过。他在西方国家所列不受欢迎人员的名单上，因为乌克兰冲突，自2014年4月起，他既不能去欧盟，也不能去美国。这个问题他当时做梦也没有想到过。普京先后任命他担任位高权重的安全会议秘书长、国防部长和副总理。“那时要做的是让这个国家重新变得能够管理。”伊万诺夫在一次访谈中对我谈起了千禧年的共同动力，“我们站在那里乞求，只能等着，等着国际货币基金组织给我们钱，好支付公务员、医生和矿工的工资。这是根本性的基本秩序问题，跟嗜血的克格勃统治，跟契卡纪律都无关。这是政治冲突之中的管理能力和可靠性问题。”

剩下要做的就是试错，权力的平衡正在发生变化。总统的重要决定不会再因为克里姆林宫里接到一通电话就轻易作废。对车臣的强硬路线激怒了“教父”鲍里斯·别列佐夫斯基。这场战争威胁到了他的利益。他跟分裂分子关系良好，他们对他的政治生涯和私人生意都曾大有帮助。《纽约时报》在2000年曾如此猜测曾经的恩主和被提携者之间龃龉不断增加的原因：如今被提携者越来越想走自己的路。他试图改变普京的想法，但是失败了。

“他一直不明白，普京究竟是谁。”普京在总理位置上的前辈谢尔盖·斯捷帕申分析了别列佐夫斯基的失败，“我辞职之后又回到了国家杜马。他在那里跟每个人都说，是他成就了弗拉基米尔。不过即便魔鬼也有可能犯错误。”他不是唯一一个判断错误的人。

总统巩固了权力，建立起新的控制系统，决定最急迫的是要改变管理结构，希望各地方行政长官由克里姆林宫来控制，以加强统治核心的控制力。80多个联邦主体中，许多地方要员在叶利钦时代都慷国家之慨做起了红火的生意，自己操控变卖矿产资源。议会以压倒性多数通过法案。对于鲍里斯·别列佐夫斯基来说，这意味着又一次失败。他通过多年经营在俄罗斯织成的关系网变得越来越小、越来越脆弱。他在首都各大报纸上发表了一封公开信，转到反对派的阵营之中。他在信中写道，这项法律是“对民主的攻击”。媒体顾问抓起他的旧武器，这名寡头拥有的电视台和报纸向总统开了火。气氛变得很紧张，伟大的推手别列佐夫斯基的政治生涯踏上了末路。

计划与实效

早在普京正式就职之前几个月，莫斯科“战略性发展中心”的一支团队就开始撰写论文、制订规划，研究俄罗斯经济的最坏情况和可能的解决方案，试图为接下来几年的发展开拓新的思路。普京的团队很年轻，平均年龄三十五六岁，视野开阔。他们并非出身掌控经济的寡头们的高级管理人员。这些顾问属于雄心勃勃的新一代经济学家，对旧的计划经济体制根本不感兴趣。他们将取得辉煌的成就。

为未来绘制蓝图的人叫格尔曼·奥斯卡罗维奇·格列夫，其先辈来自德国，他将在此后七年时间里担任俄罗斯联邦经济发展与贸易部部长。现在他是俄罗斯联邦储蓄银行董事会主席。联邦储蓄银行是俄罗斯最大的银行，在欧洲排名第四。格列夫在俄罗斯许多大型企业的监事会任职，在圣彼得堡市政府工作时就认识普京了，那时他也负责该市的资产管理。

后来担任财政部长的阿列克谢·库德林也是来自那个时期的可靠人物，他曾在涅瓦河畔的圣彼得堡负责财政预算。他是自由派经济学家。第三个参与撰写经济方案的人不是圣彼得堡团体的一员，此人现今住在莫斯科涅格林纳亚大街12号一座翻新过的建筑里，门牌上写着“俄罗斯银行”。埃莉维拉·纳比乌林娜自2013年起任俄罗斯中央银行行长，监管货币和信贷机构的业务。她来自乌拉尔山南麓巴什科尔托斯坦共和国的首府乌法。弗拉基米尔·普京从15名候选人中选中了唯一一名女性来担任这一重要职务。他选人的标准总是相似的，那就是考察晋升原则。需要多长时间考察某人升职，就先让此人降职多长时间。弗拉基米尔·普京不会让人快速降职。自从埃莉维拉·纳比乌林娜2003年第一次作为经济发展与贸易部副部长进入内阁以来，他对她观察了很多年。他第二次担任总理时，解除了她的部长职务，而再次当选总统之后，最终任命她为俄罗斯中央银行行长。为了安全起见，他还聘用了前任行长担任顾问。

“开始时，我们有四个权力中心，”库德林描述了普京时代开端时与今日截然不同的力量关系，“总统、总理、内阁中以格列夫和我为中心的改革者团体，还有安全部门。其中有几个普京的私人朋友，主要是圣彼得堡人，不过他们的影响力随着时间的推移在降低。”普京担任总统之后的第一任总理米哈伊尔·卡西亚诺夫于2000年5月至2004年2月任职，是别列佐夫斯基的又一个好朋友。“这是一场政治交易的结果，‘家族’在确定总统人选时也发挥了影响。不过我们都非常乐观。”

领导班子内部的矛盾和挫折迅速增大，成员互相争斗——无论是在政府内，还是政府外。在总理看来，改变太过迅速。内阁分裂了。普京在各派别之间平衡权力，施展策略，增强改革者势力，安抚保守派，以确保一切尽在他的掌握中，并保留自己的决定。这种争斗最终演变为总理卡西亚诺夫和负责经济建设的格尔曼·格列夫之间的公开冲突。卡西亚诺夫在经济部召开会议，召集部里的所有部门，对格列夫展开正面攻击。

“那是对经济部长的猛烈批评，是故意演给他的所有下属，将近300人看的。”库德林回忆起那次公开羞辱。格尔曼·格列夫随即请了几周病假，并想要辞职。“卡西亚诺夫认为我们的方案野心太大，此外没有请他参加也让他很反感。”

普京阻止格列夫辞职，从政治上支持了他。对总统来说，这是用一个新人替换掉与叶利钦圈子牵扯不断的卡西亚诺夫的好机会。此前，他已经任命另一个圣彼得堡来的老熟人、法学家德米特里·梅德韦杰夫担任位高权重的总统办公厅主任了。新总理米哈伊尔·弗拉德科夫曾任俄罗斯贸易部长，后来普京任命他担任税务警察局局长和俄罗斯驻欧盟全权代表。三年后，他将出任对外情报局局长。

“任命弗拉德科夫担任总理的决定是普京自己做出的。”阿列克谢·库德林描述总统的人事政策道，“有三个原因：第一，这也是他的克格勃朋友们的建议。第二，弗拉德科夫曾负责对外贸易，有很多海外工作经验，人们由此认为，他对经济也有很好的理解。我也觉得他应该观点很现代，是老一辈人里面最进步的一个。第三，普京需要一个能够同意他意见的人。弗拉德科夫及其前任总是需要他的推动才能做出些改变。部长们永远有意见。”

上文提到过的那份文件，即格列夫与其他改革者一起为普京设计的施政方案，题为《千年之交的俄罗斯》，对过去几年做出了彻底否定的总结。“1990年代的经验雄辩地证明，只是将外国课本上的抽象模式和公式简单地照搬到我国，而我国的改革不付出巨大代价就能取得真正的成功是不可能的。机械照抄别国的经验是不会取得成功的。每个国家，包括俄罗斯，都必须寻找自己的改革之路。我们现在所处的状态，甚至连最正确、最公益的政策也无法实施，因为国家太弱了。”

这在实践中意味着什么？弗拉基米尔·普京向集合在一起的经济界精英们解释了这一点，那是在2000年7月的一个温暖夏日，他要求寡头中的佼佼者做好战斗准备，到克里姆林宫来座谈。这成了一堂特殊的课。行业内早已不安了。选举结束后，新总统就说出了一句引起骚动的话。寡头们的日子结束了，打击犯罪就是打击腐败，弗拉基米尔·弗拉基米罗维奇·普京公开宣称。

他在这一天传达出的信息是一场战争的宣言，即便他的语调只是偶尔像讲话开始时那么讽刺。“请你们注意，这个国家变成现在的样子，你们通过所掌控的那些政治的或半政治的组织起了很大一部分作用。那曾是你们的工作。如果你们倒霉了，只能责备自己。现在让我们开诚布公地谈一谈，做些必要的事情，好让我们在这个领域的关系变得文明、透明。”

经济界的大佬们必须做出决定。要么从政，要么从商。他们必须结束权力背后的扭曲交易，还要交税。这可不是空口威胁。几天来，这座城市高层圈子里的对话都围绕着这起不寻常的事件。其中一人在这次会议之前不久被拘留审查。罪名是贪污。被告弗拉基米尔·古辛斯基可不是随便哪个寡头，他是资助叶利钦连任的七位亿万富翁之一，虽然他跟叶利钦两人打心眼里厌恶对方。古辛斯基的私人电视台俄罗斯独立电视台和别列佐夫斯基的第一电视台联手，在总统竞选中系统性地摧毁了政治对手的声誉。

现在，俄罗斯独立电视台越发反对国家权力巅峰的这位新人，新总统的决定让弗拉基米尔·古辛斯基感到不快。这名银行家和曾经的剧院经理在进入媒体市场时跟鲍里斯·别列佐夫斯基一样脚踏实地、目标明确。他在对《华盛顿邮报》前记者戴维·霍夫曼描述他的投资动机和目的时说："我考虑的只是影响力，百分之百的影响力。对政治家和社会的影响力。"

虽然针对弗拉基米尔·古辛斯基的指控撤回了，但战斗已经打响。由于经济危机，这名媒体巨头欠下俄罗斯天然气工业股份公司大量债务，因此以3亿美元的价格将他的媒体帝国卖给了这家国有能源集团。他后来在国外抱怨说，当局的威胁让他做了这个决定，否则还会有进一步的调查。会有什么调查，他没有说。

给经济界巨头们划定界限的行动风险很大、行为粗暴。俄罗斯已经到了资本主义最残酷、最腐败的阶段。普京有权力，此时也掌握了这些寡头以何种犯罪手段得到亿万身家的情报。他可以派出检察官。他的优势在于，这伙人只把这个头发稀少的男人判定为一个有用，但只处于从属地位的管理者。这可是低估了他。

但是现在坐在桌旁的30个人要纠正他们的判断了。事实将成为证明。寡头们一如既往地有影响力、有钱，他们拥有重要的企业，与他们的管理人员一起操控着这个国家的经济。他们会自卫的。弗拉基米尔·普京明白，经济增长只能有限地依靠命令实现，而停止已经进行多年的再分配将是一场艰苦的战斗。国家面临破产，急需资金，几乎没有任何专业人才。寡头们会让他伸着乞讨的手臂饿

身穿克格勃制服的普京。1980 年。来源：东方 IC

普京与柳德米拉结婚。1983 年 7 月 28 日。来源：东方 IC

普京作为克格勃第一总局情报人员赴德前，与父母在圣彼得堡。1985 年 1 月 1 日。来源：东方 IC

普京和大女儿玛莎、小女儿卡佳。1989 年。来源：东方 IC

圣彼得堡市长索布恰克与他的助手，副市长普京出席圣彼得堡立法会议。1993 年。来源：东方 IC

总统叶利钦会见联邦安全局局长普京。1998 年 8 月 24 日。来源：东方 IC

普京被叶利钦任命为总理，经国家杜马确认后，宣布就职。1999 年 8 月 17 日。来源：视觉中国

普京亲自驾驶苏-27战斗机莅临车臣首府格罗兹尼，为俄军官颁奖。2000年3月20日。来源：东方IC

普京和前总统叶利钦在克里姆林宫出席普京的总统就职典礼。2000年5月7日。来源：视觉中国

普京到索尔仁尼琴位于莫斯科的家中拜访。2000年。来源：视觉中国

普京在克里姆林宫宣誓就职，开始他的第二个总统任期。2004 年 5 月 7 日。来源：东方 IC

俄罗斯总统普京在巴黎会见法国总统希拉克、德国总理施罗德、西班牙首相萨帕特罗，希望改善俄罗斯与欧盟之间的紧张关系。2005 年 3 月 18 日。来源：视觉中国

俄罗斯总统普京和美国总统布什举行会谈，俄美双方就核扩散问题进行磋商。2005 年 9 月 16 日。来源：视觉中国

普京在俄罗斯图瓦共和国骑马。2007 年 8 月 15 日。来源：视觉中国

流亡英国的俄罗斯寡头别列佐夫斯基在保镖的护卫下来到伦敦高等法院，参加对阿布拉莫维奇诉讼案的听证。2008 年 4 月 28 日。来源：视觉中国

总统梅德韦杰夫与总理普京在莫斯科举行工作会谈。2008 年 6 月 11 日。来源：视觉中国

俄罗斯总统梅德韦杰夫宣布俄罗斯决定结束“迫使格鲁吉亚当局实现和平”的军事行动。当天，格鲁吉亚总统萨卡什维利在首都第比利斯的统一集会上讲话。2008 年 8 月 12 日。
来源：视觉中国

因面临贪污、洗钱等新指控，已经服刑四年多的尤科斯石油公司前总裁霍多尔科夫斯基与商业伙伴列别杰夫再次在莫斯科一家法院出庭受审。2009 年 3 月 3 日。来源：视觉中国

普京在圣彼得堡视察一家柔道俱乐部，并参加了一堂训练课。2010 年 12 月 22 日。来源：视觉中国

奥巴马抵达圣彼得堡郊外的康斯坦丁宫参加二十国集团领导人峰会，与普京握手。2013 年 9 月 5 日。来源：视觉中国

索契冬奥会前瞻，普京在莫斯科红场点燃奥运火炬。2013 年 10 月 6 日。来源：视觉中国

民族团结日当天，普京与东正教领袖基里尔共同参加纪念活动。2013 年 11 月 4 日。来源：视觉中国

在政府和反对派签订协议之后，基辅独立广场上仍然有众多示威抗议者继续留守。2014 年 2 月 21 日。来源：视觉中国

普京与克里米亚塞瓦斯托波尔市领导人在莫斯科签署条约，克里米亚成为俄罗斯的一部分。2014 年 3 月 18 日。来源：视觉中国

莫斯科红场举行盛大阅兵，庆祝卫国战争胜利 70 周年，普京发表演讲。2015 年 5 月 9 日。来源：视中国

欧洲理事会于法国斯特拉斯堡就“增强对告密者保护”议题召开听证会，斯诺登通过视频连线参加。2015 年 6 月 23 日。来源：视觉中国

荷兰安全委员会在希尔泽－赖恩空军基地公布马来西亚航空公司MH17航班空难调查报告，认定客机系遭俄罗斯制造的“山毛榉”地对空导弹击落。2015年10月13日。来源：视觉中国死，而他很肯定，他们很乐意这么尝试。总统的起点是一目了然的。

因此，他做出了很有诱惑力的让步，来换取反向交易，让寡头们无法拒绝。和平提议说，如果他们遵循建议，不再继续把国家当作为自己谋取利益的私人机构，那么这些企业家可以保留他们用犯罪手段搞到手的公司。

“毫无疑问，这些年间发生过非常多不公正之事。但很遗憾的是，这段路我们已经走完了。在很多情况下，先把一切搁置下来，而不是从头推翻，会更好。”弗拉基米尔·普京耸了耸肩，解释他任期开始时的战略说，“这是为了改变一些事情而必须对力量对比做出的现实评估，而我们毫无疑问要改变我们的处境。”

米哈伊尔·霍多尔科夫斯基在会议结束后立刻向《纽约时报》阐述了寡头们对这方面的看法：“他向我们保证，私有化的结果不会受到质疑，而俄罗斯经济的进一步发展将是国家的主要任务之一。”霍多尔科夫斯基将石油帝国尤科斯石油公司从国有收入自己囊中的过程是问题重重的，这是过去几年规模最大的议价行为之一。他没怎么强调普京的许诺所绑定的条件，而他根据限定规则参与游戏的意愿也很有限。其他人同样在等待，表现得很克制。人们普遍认为：商业界听到了这个消息，要想他们新得的财富得到国家承认，他们就得遵守法律法规。战斗刚刚开始。在座的人注意到，鲍里斯·别列佐夫斯基、罗曼·阿布拉莫维奇和弗拉基米尔·古辛斯基没有受邀去克里姆林宫。关于为何会如此、背后可能有些什么交易的议论使得这几位更为醒目，尽管他们缺席，或者说恰恰因为他们缺席。报纸说，跟其他类似公司上缴国家的税款相比，西伯利亚石油公司只缴纳了三分之一。

几周以来，普京、格列夫和库德林都在讨论，怎么让更多的钱流进空空如也的国库。格列夫和库德林想向那些企业妥协。财政部长的建议极其简单：既然这些企业根本上就是要逃避交税，那么今后只收13%的税就好了。这些应该够先支付公职人员的工资和养老金了。然后根据情况再看。不过，税率这么低，无论如何都要把税收上来，不能有例外。

格尔曼·格列夫回忆起他提出这个建议时遭到的质疑。“普京问：‘你确定，减税不会降低国家收入吗？’我说：‘是的。’他继续问：‘如果你错了呢？’我的回答是：‘那我就辞职。’总统简短地说：‘这对我的财政预算有什么用？你辞职又不能减少损失。’”

财政部为大型企业集团单独设立了部门，并在2000年第一次派遣税务调查员到各公司。逃税不再是无关痛痒的小瑕疵。一部新的法律加大了打击力度，一扫过去的自由散漫。“现在我必须执行自己的计划。”当时的财政部长库德林描述新职位的压力道，“我们开始支付拖欠军人、医生、教师的薪水和养老金，我们成功地做到了按时支付这些钱并收缴税款。”从某种程度上来说，逃税现在自动成为刑事犯罪，会被判高额罚款和监禁。新的会计规则让过去那样成百万地从公司拿钱或者公开或隐秘地转移资产变得更加困难。以老派的方式用现金支付保护费，变得风险更大。

阿布拉莫维奇的西伯利亚石油公司也有国家调查员到场审查其富有创意的会计记录。政治成本在上升——在每一个方面。在鲍里斯·别列佐夫斯基看来，他对普京的影响力在减小，这是不可理解的。他的第一电视台加强了对总统的攻击，号召将普京与过去的独裁者进行类比。别列佐夫斯基期待着权力顶端的那个人更有感恩之心，他认为普京是他的杰作。

第十五章　权力与媒体

“库尔斯克号”的沉没及其后果

德米特里·科列斯尼科夫上尉几乎没有时间在纸上写下寥寥几句告别的话。巴伦支海海下108米深处，K-141号潜艇内空气变得稀薄。他记下2000年8月12日这天的确切时间，这是俄罗斯海军史上的黑暗一天。那是15点45分。“太黑了，没法写字，但我会摸黑尝试。很显然我们没机会了。顶多10%到20%。我只希望有人能看到这份记录。这是一份人员名单。我们努力要离开这里。”然后，这名海军军官在记录下面加上“问候所有人”这几个字，还有“不要绝望”。这是他对自己的鼓励。

几周后，潜水员从船体中打捞出这张纸条和118名海军官兵的尸体。这是俄罗斯舰队最大、最先进的核潜艇之一。调查报告后来称，这起灾难的直接原因是一枚鱼雷发生了故障。“库尔斯克号”在船体两次爆炸后沉没，总统因而遭遇了公关危机。刚刚抵达黑海之滨索契度假的普京不可原谅地低估了事故的严重程度。国防部长伊戈尔·谢尔盖耶夫晚上打来电话，告诉他“库尔斯克号”“失去联系”，但其他事情都在控制之下。事实上，一切都已失控，海军领导层完全力不能支。

将军们试图掩盖事故的严重程度，向遇难者亲属隐瞒真相，出于对间谍活动的担心拒绝外国援助。普京还在滑水、享受日光浴。直到美国前总统比尔·克林顿致电询问这场灾难的情况，普京才不得不离开度假乐园。在国家悲剧早已演变成国际丑闻之后，他终于在事故发生一周多后动身前往位于巴伦支海的海军基地。那里等待他的是愤怒、绝望的遇难者亲属，他们已经不明不白地等了好几天。他们大声谴责，问他为什么到现在才来。没有人告诉他们，海军官兵们没有生还希望。

对弗拉基米尔·普京来说，这是最糟糕的情况。摄像机镜头记录下一个穿着黑色西装的无助总统，看得出，他的情绪中混杂了羞耻、无语和愤怒。他的愤怒最终是对他自己，以及那些把他带到这个境地的人。他不是不能出现在摄像机之前。他几乎可以按要求扮演每一个角色。但在这里他的角色是总统，而总统是个失败者，不仅对于海军官兵的亲属来说是如此。

他知道这一点，感情上他只能表达自己的手足无措。“我无法想象，我们会处于如此境地，”他在海军基地礼堂的小讲台前面色苍白、神情恍惚地说，“无法想象这个国家、这支军队、这支海军会处于这样的状态。”

直到此时此刻他才真正意识到，俄罗斯国内的情况糟糕到了什么地步。“一切都糟透了，没什么事情是顺利的。”他更多地是在对自己，而不是对事件相关者说这番话，然后他被打断了。人们想要诉说，而不是倾听。他听着，用其他话表达他的无能为力，对人们说，情况令人绝望。“没有人能进到潜艇里面，”他重复道，“没有人，我也不能。”这是事故发生后的第十一天。船员在潜艇沉没几个小时之后就已经死亡。

随后，鲍里斯·别列佐夫斯基作为媒体巨头的最后一个辉煌时刻到来了。别列佐夫斯基所控制的第一电视台将这个饱含情感的对质场面与普京的无助形象剪在一起，将之与他在索契愉快度假的镜头混合，把总统展现为一个毫无才能的大男孩，他不仅对这些人无动于衷，还对情势毫无掌控。这正是普京一直担心的情况，此前他曾对媒体发出警告。

别列佐夫斯基在“库尔斯克号”沉没之后到克里姆林宫参加的两次会谈进行得都很不愉快。对于别列佐夫斯基偏要用国家电视台为自己的利益服务的做法，弗拉基米尔·普京非常愤怒。别列佐夫斯基后来说，总统断然要求他出售股份。那是在他去伦敦和华盛顿做一场个人广告之旅的途中，这场旅行号称是为了给俄罗斯带来更多民主和自由，并且他自我标榜为新闻自由的捍卫者。这名政治“教父”宣称，他现在要组建建设性的反对党。“我们仍然有太多的共产党人，以及曾经的克格勃，他们憎恨民主。对抗他们的唯一力量是新兴的资产阶级，他们认为直接参与政治不仅是可行的，而且是必要的。”他如此向《华盛顿邮报》解释他从此担负的使命。他自诩为俄罗斯基本权利的担保人，因为普京打破了民主的平衡。

时至今日，在被问及当时的事件时，弗拉基米尔·普京仍然反应拘束。不仅是因为潜艇的悲剧。“我们的批评者喜欢强调1990年代，追求真正的新闻自由和民主。什么样的新闻自由？谁的自由？少数犯罪团伙的自由。我认为他们的所作所为是对新闻自由和民主等基本概念的诋毁。”

妄想与现实

十年后，在伦敦高等法院的四楼，伊丽莎白·格罗斯特法官艰难地一点点重建了俄罗斯的历史，剖析了别列佐夫斯基诉阿布拉莫维奇案。莫斯科政府交接之后，叶利钦时代终结，权力的赌局重新洗牌，强盗贵族们遭到了压制。“库尔斯克号”的沉没也在其中起了作用。关于与他“教父”的关系，罗曼·阿布拉莫维奇在律师质询阶段指出，在2000年，别列佐夫斯基的设想和现实发生了严重的偏离。“我与别列佐夫斯基先生的关系在‘库尔斯克号’悲剧之后不久就改变了，”他在法庭上说，“我直到今天仍然认为，他利用这场悲剧发泄对政府的政治敌意是错误的。”

别列佐夫斯基在事故发生几周之内展开的持续攻击让阿布拉莫维奇越来越紧张。他认为，这样做对他们的事业是有害的，他担心投资者和潜在的商业伙伴会因此而被吓退。俄罗斯每一个严肃的政治参与者都会把不断往上爬的阿布拉莫维奇的名字自动跟人际网络的编织者别列佐夫斯基联系在一起。他决定与他的导师分开。“别列佐夫斯基先生对叶利钦的继任者的影响明显减少，这表明，政治影响力是会很快改变的。”阿布拉莫维奇对法官干巴巴地解释道。“现代俄罗斯政治界的拉斯普京”是一个过时型号，早已过了保质期，但“拉斯普京”自己不愿意承认这一点。

当俄罗斯检察院开始对“别列佐夫斯基先生”错综复杂的业务展开调查时，别列佐夫斯基计划逃往英国，并要求阿布拉莫维奇担当“安全后盾”，先支付一笔3亿美元的保护费，虽然别列佐夫斯基在流亡之中，在俄罗斯国内的新形势下，他根本提供不了什么保护。

脱离关系变成了一场博弈。

阿布拉莫维奇又花了1.5亿欧元买下了别列佐夫斯基持有的第一电视台股份。他为求自保，就此询问普京。阿布拉莫维奇以特意装出的轻描淡写的态度说，普京“并不反对”。他知道，别列佐夫斯基的股份虽然不足半数，但他仍然“能够控制电视台，将节目内容为己所用”，这让普京很“不高兴”。阿布拉莫维奇也处于监控之下。他坦白承认：“普京的圈子里有几个人，如果注意到我的付款额的话，能给我制造许多问题。”

他给了他的“教父”额外10亿美元以从保护关系中赎身，并将多次分期、辗转迂回的付款也呈上了法庭。除了数额巨大，解约费在这一行里其实是完全合理的。为什么会这么贵，原因可能来自好莱坞的经典电影《教父》：“这是一个个人决定。我有机会来结束我生命中的这个章节。”罗曼·阿布拉莫维奇略带伤感地总结他的付款动机道：“他让我感觉到了高度的忠诚和尊重，我欠他这么多。如果他需要钱，我就有义务保证他有钱。他就像一个家庭成员。这事关名誉。”

经过几个月的审判之后，伊丽莎白·格罗斯特于2012年8月底在伦敦高等法院做出的判决是清楚明确的。鲍里斯·别列佐夫斯基提出指控：他曾经的被保护人罗曼·阿布拉莫维奇在俄罗斯总统的指使下对他敲诈勒索，并低价买下他西伯利亚石油公司和其他公司的股份，否则这些公司就会被俄罗斯政府没收。判决认定指控不成立。法官驳回了他50亿美元的赔偿要求。在长达500页的陈述中，法官逐条驳斥了他所提出的论点。鲍里斯·别列佐夫斯基是一名“缺乏说服力、通常不可靠的证人，他视真相为一个可以根据需要随意扭曲的概念”。他碰到难以回答的问题时，偶尔会“故意说谎”,“有时候甚至干脆编造证据”。

自罗曼·阿布拉莫维奇从他“教父”那里赎身之后，他在克里姆林宫就变得受欢迎了。他承担了某种特殊形式的更高级的针对寡头的社会工作，由此也为过去犯下的罪行赎了罪。除了经营莫斯科和伦敦之间万亿级的生意之外，他还在偏远的西伯利亚东部工作了几年，担任楚科奇自治区的行政长官，它跟美国的阿拉斯加只隔着一条白令海峡。楚科奇有两个德国那么大，与俄罗斯首都相隔九个时区的距离，那里的人以蓄养驯鹿和捕捉海豹为生。那一地区几十年来一直在走下坡路。阿布拉莫维奇为节税目的在那里投资，使它重新振兴了。

弗拉基米尔·普京后来只有一次公开提到过流亡的前寡头。2001年一名记者在一场新闻发布会上就别列佐夫斯基在国外攻击他的行为提问时，普京停顿了一下，随后问道:“鲍里斯·别列佐夫斯基——那是谁？”

这是一次重要的阶段性胜利。但也只是一次阶段性胜利。下一个对手耐心十足，策略别致。他是另一代人，他开发出不同的保护费系统。他为自己建造了一个外国避难所。

第十六章　过去的阴影

米哈伊尔·霍多尔科夫斯基案

弗拉基米尔·普京在2013年底的年度新闻发布会即将结束时才公布的消息震惊了来自世界各地的数百名记者。好心情的总统宣布，为庆祝俄罗斯宪法颁布20周年，他不仅要赦免朋克乐队“暴动小猫”的女性成员们，还要赦免曾经的寡头米哈伊尔·霍多尔科夫斯基。“他已经在监狱里待了十多年，这是很长的一段时间。”他过去多次建议霍多尔科夫斯基，“依据法律写一封适当的信给他”。现在他寄出了这样一封信，请求赦免，理由是他母亲健康状况不佳。普京谈起这个敏感的问题。这名著名的囚犯到目前为止总是明确拒绝提出赦免申请，因为那就意味着他承认了自己的罪行，而“罪行”对于霍多尔科夫斯基来说始终是个陌生的词。不过几周之前他在《纽约时报》上表明了态度的转变：“我母亲现在快要八十岁了，她又一次得了癌症，必须接受手术。（……）我们再也不能在自由状态下相见，这个可能性是很大的。”

总统的命令必须在未来几个月内正式得到执行。事实上，执行得比想象中的要快。米哈伊尔·霍多尔科夫斯基当天晚上就在位于芬兰边境附近的谢格扎监狱中被唤醒，乘坐一架直升机飞往圣彼得堡。在那里等待他的是德国企业家乌尔里希·贝特尔曼从绍尔兰驶来的私人飞机，他被送到德国。在普京宣布赦免消息的第二天早晨，一个接待委员会在柏林舍纳费尔德机场等待着他，该委员会由霍多尔科夫斯基的一位律师、德国前外交部长汉斯-迪特里希·根舍与俄罗斯问题专家亚历山大·拉尔组成。根舍自2011年起就应霍多尔科夫斯基的律师请求与普京斡旋，并曾两次与普京会晤。他们的接触是由亚历山大·拉尔利用自己的人脉促成的。在多年监禁之后，这名曾经的囚犯在柏林的第一个落脚点是阿德隆酒店，他在那里住了几天，随后继续前往瑞士，自此以后与家人一同居住在日内瓦湖边。

随着这次赦免，弗拉基米尔·普京为后叶利钦时代或许是最激烈的争论画上了句号，那是围绕他任期开始时的核心问题的争论，即在俄罗斯到底谁说了算。与别列佐夫斯基相比，米哈伊尔·霍多尔科夫斯基显然是个更为危险的对手。与前者不同，从前的大企业主霍多尔科夫斯基尽管过去罪行累累，却在寡头生涯突然终结后作为克里姆林宫的个性囚犯在西方开始了职业生涯。甚至在他被释放之后直到今天，尤科斯案仍是一起国际争端，即便该公司已不复存在，该案仍要诉诸法庭。自2003年5月起，从前的石油大亨一直在接受拘留审查。2005年，一家莫斯科法院以逃税、洗钱和贪污为由判他有罪。

他再也不想卷入政治了，霍多尔科夫斯基到达德国后在新闻发布会上表示。发布会的地点是很有象征意义的博物馆——查理检查站，这是从前去往民主德国的边境检查站。他还说，他也不想再为了他昔日的帝国而战了。他在被捕前就卖掉了他的股份。他不必担心自己的财政状况。对他在瑞士银行和其他户头上的剩余资产一直有不同猜测。他自己在一次采访中说留给他的钱超过了1亿美元，都在瑞士申报过了。从那以后，他就在寻求一个角色，一个介于许多生活在俄罗斯境外的活动家与那些在国内投身政治的人之间的位置。从前的亿万富翁作为反抗的象征受到西方政治家欢迎，相反在俄罗斯的反对派圈子里却得不到多少掌声。自从他走出监狱、失去了受难者的身份之后，普京对手的阵营中就很难有他的立足之地了。

米哈伊尔·霍多尔科夫斯基发家致富、声名鹊起的过程是戈尔巴乔夫改革时代的传奇故事之一。这名出身于莫斯科普通阶层的年轻人尝试了各种生意——从自西方进口电脑到贩卖法国白兰地。他大学里学的是化学专业，曾任共青团干部，那时的共青团是党所支持的早期资本主义试验田。很快他就大刀阔斧地行动起来。两年之后，他就赚到足够的钱，创办了国内最大的银行之一梅纳捷普银行，自此开始从事货币业务和投机活动。从这时候起就有人怀疑，米哈伊尔·霍多尔科夫斯基拿到许可证，是为了帮处境江河日下的党内精英们把数十亿的财产转移到国外账户上，但他一直否认这一点。

利用这种实际存在的资本主义新型工具——用布莱希特的话说：抢银行和开银行，哪个罪更大？——他迅速累积起令人难以想象的财产。他与政治界维持着良好关系，1993年出任叶利钦总统的能源部副部长，并进一步搜集内部消息，特别是有关石油部门的信息。“俄罗斯洛克菲勒”的成就是史无前例的，即便与美国的原版神话有着不同的结局。才华横溢的米哈伊尔·霍多尔科夫斯基一步步向上爬，从老练的强盗贵族到亿万富翁和慈善家，为自己打开了西方政治家的大门，最终作为自诩的争取自由、反抗俄罗斯政府的政治英雄进入监狱。随着米哈伊尔·霍多尔科夫斯基一案落幕，弗拉基米尔·普京终于实施了其建立强大政府的政治方案。这是一场艰苦而漫长的斗争，绝对比与别列佐夫斯基的对抗更为危险。

1995年收购国有的尤科斯石油公司——那时普京还在圣彼得堡市政府工作——是米哈伊尔·霍多尔科夫斯基商业生涯中的突然转变，从此他飞得更高。在这场巨额收购中，他自己的梅纳捷普银行不仅受政府委托组织了拍卖，还立刻把尤科斯这个大奖以极低的价格奉送给它的所有者，也就是他自己。来自竞争对手的更高报价出于“技术原因”而不予考虑。整个过程是一个封闭的自助系统。梅纳捷普银行同政府和财政部密切合作。新的所有者将用尤科斯未来的石油供应偿还这宗收购的贷款，也就是说用尤科斯的钱来买尤科斯。国有资产私有化的设计师阿纳托利·丘拜斯当时担任财政部长，他后来承认：“可以说，霍多尔科夫斯基没有真的出钱，他只是用了尤科斯自己的钱和财政部存在他那儿的保险箱，他捣了鬼。但我的标准很简单。除开所有政治考虑之外，我还需要这笔钱支撑财政预算。”

美国外交政策的核心期刊、著名的《外交事务》杂志花费几页篇幅描写了普京上任的细节，霍多尔科夫斯基根据它实施了周密的欺诈计划。据报道，尤科斯迫使子公司，即石油生产商，以倾销价将石油出售给母公司，随后母公司以高得多的国际市场价格卖出石油。仅1999年一年尤科斯就以每桶1美元70美分的价格收购了超过2亿桶石油。国际市场上的价格则是15美元。米哈伊尔·霍多尔科夫斯基的辉煌业务，对别人来说意味着毁灭。

子公司所在的涅夫捷尤甘斯克附近地区遭受了巨大的冲击。当地的税收断了。工人只能拿到最低工资。制造企业的市值迅速下降。尤科斯还借此欺骗了这些制造企业的小股东，导致他们股票下跌。一部分股东是外国投资者，但也有1.3万名托木斯克地区的工人和退休老人买了一些股票作为新的投资形式，现在他们手里只剩下毫无价值的废纸。大多数人看到他们留待急用的钱慢慢蒸发，便疯狂抛售股票，期望至少能换回几个卢布。尤科斯很乐意全部买下。

涅夫捷尤甘斯克的市长弗拉基米尔·佩图霍夫在1998年就向克里姆林宫请求紧急援助。几周之后，他死了，在街上被枪杀。他此前曾在尤科斯的股东大会上抗议公司的做法。前尤科斯安全负责人被判终身监禁。霍多尔科夫斯基本人否认曾以任何形式参与这起谋杀。他的具体才能主要体现在，将尤科斯公司的股份分散到国外的离岸账户上。《星期日电讯报》评论说："霍多尔科夫斯基越富有，受骗的西方投资人的队伍就越长。"公司在俄罗斯依然顶着尤科斯这个名头，它对于外国投资者，如西德意志银行或日本大和银行来说越来越像是个包装精美的空盒子。尤科斯及其最高层经理的声誉十分糟糕。《纽约时报》详细描述了霍多尔科夫斯基在实践中将小股东从子公司中排除的过程，并告诫人们警惕这位企业家。该报说，"每位俄罗斯资本家"，必须能够确保"投向俄罗斯的每一个美元都不会被偷掉。尤科斯事件表明，俄罗斯距离这个目标还很远"。

有关霍多尔科夫斯基犯罪行为的这篇文章发表在1999年4月，此时距离2003年10月这名寡头被俄罗斯司法机关以诈骗罪逮捕还有四年多的时间。在此期间，他还让他的梅纳捷普银行破了产。法院指定的破产管理人无法理清银行错综复杂的商业路线，因为载有银行文件的卡车恰好在那段时间一头栽进了河里。

形象和影响

即便叶利钦领导下的俄罗斯政府允许他为所欲为，霍多尔科夫斯基还是接收了西方的信息。而普京的明确要求迫使他采取了不同的策略。如果他还想继续增加自己的财富并且保住它，他就需要在总统换人之后寻求西方世界的帮助。要想在国际上也发挥影响，他从现在起就必须遵守一定的规则。在俄罗斯境外的大宗交易中有更为精细的资本运作方法。此外，他还想继续参与政治，尽管新任总统已经发出过警告。

“心态变了，”他公开表示了对必要改变的洞察，并流露出一丝遗憾，“人们现在明白了，透明度、与投资者的良好关系，以及诚实的商业行为也能在短期内带来积极的回报。”他开始向公司引进国际上的最低标准。霍多尔科夫斯基聘请了美国的安可公关顾问公司，它的总部位于华盛顿，并在那里拥有最好的人脉。许多有影响力的顾问都为安可工作。这是公开转型的开始，也是彻底改头换面的前奏：脱掉皮夹克，刮掉大胡子，换上定制西装和无框眼镜，抛弃剥削和诈骗的伎俩，玩起国际会计事务所的合法把戏，这些在他所到达的最高游戏级别中完全够用了。

在主要服务跨国集团的安可公司的帮助下，寡头霍多尔科夫斯基很快见识到了真正大人物的行事细节和游戏场。例如，自己拥有慈善机构是公认的改善形象的高效手段，此外还有助于节约税金。做好事并且说出来，这条基本原则适用于洛克菲勒和福特这样的先驱者，也适用于今天的亿万富翁如比尔·盖茨和乔治·索罗斯。

霍多尔科夫斯基的发明叫作“开放俄罗斯”，致力于“在东西方之间建立更多的联系”。这一尤科斯的创造物是“一个国际性的、独立的慈善机构，作为一个私人基金会活动”。它是乔治·索罗斯的“开放社会”的复制品，而后者堪称这类组织中最成功的一个。出生于匈牙利的美国亿万富翁和货币投机者索罗斯在华盛顿拥有最好的人脉网络，数十年来一直经营着一个私人的外交部来推行他的政治理念，以民主的名义培养年轻的活动家以为他所用，还喜欢与美国国务院合作。在前东欧集团政府更迭时，索罗斯成功地进行了干涉。塞尔维亚、格鲁吉亚和乌克兰。

创建阶段的人员是经过精心挑选的。2001年底，众多名流会聚伦敦萨默塞特府——此处不动产属于罗斯柴尔德家族——来创建“开放俄罗斯”，这些名字都掷地有声。比如亨利·基辛格与房主罗斯柴尔德勋爵本人。美国参议员比尔·布拉德利从新泽西来到这里。在英国代表尤科斯利益的是英国前外交大臣戴维·欧文。

一群同样经过精挑细选的人，这次由于地理原因而包含了更多的美国人，在一年之后来到了庆祝“开放俄罗斯”进入美国的盛会。他们聚在历史悠久的国会图书馆托马斯·杰斐逊大楼里。霍多尔科夫斯基向馆长詹姆斯·H. 贝灵顿捐赠了100万美元。这笔钱花得很值，贝灵顿也是俄罗斯史方面的著名历史学家和学者，因此在政府中也很有影响力。他在罗纳德·里根担任总统时就上任了，并为这一独一无二的光复方案找到了正确的词语。他恰当地对客人说：“碰到一个成功人士，他还想要做好事，是很不常见的。”对于贝灵顿所设立、深受第一夫人劳拉·布什关注的国家图书节，霍多尔科夫斯基出手也很大方。为此，他获许与总统夫妇合影，并得到了手写的献词。莫斯科的总统府敏锐地察觉到了霍多尔科夫斯基的举动。普京的顾问由此认为，这名过分活跃的企业家利用这个基金会为未来创建自己的党派打下了基础。

霍多尔科夫斯基成了凯雷集团的顾问，那是广义的布什家族麾下颇有影响力的著名投资银行集团。他将结识美国前总统老布什、前国务卿詹姆斯·贝克，还有康多莉扎·赖斯和副总统迪克·切尼，他将与美国能源部长斯宾塞·亚伯拉罕讨论石油问题，尤其是可能与美国进行的交易。他也将与英国石油公司的约翰·布朗会谈。在国内纠纷中获得最好保护的方法就是，将美国或英国的投资者也拖下水。用一句老话来说，俄罗斯有一个变幻莫测的过去，它让人变得脆弱，而西方应充当起盾牌。在国内，霍多尔科夫斯基更多地依赖俄罗斯社会更为传统的支柱。他的安保人员中，有一部分是从前克格勃中招聘的。

他约见了埃克森美孚和雪佛龙的董事会主席。他们与白宫有着紧密联系，这名年轻富豪的主动行为在白宫遇到了友善的对待。乔治·W. 布什和他的团队对石油感兴趣。俄罗斯有着世界上最大的石油储备。对于美国政府来说，在沙特阿拉伯、伊拉克和伊朗等主要石油出产国家之外拥有另一种能源政策的选择是很重要的。伊斯兰国家日益不可预见的事态发展趋势让他们恼火。霍多尔科夫斯基成为美国进入原料天堂俄罗斯的关键人物。他委托瑞士银行审核俄罗斯第二大石油公司的一次销售，他要人明白他可以在政治上承担更高级别的任务——尽管有人辟谣。在俄罗斯，他支持反对派并资助议员。

2003年春，国际市场上的油价再次上涨，俄罗斯内阁决定，国家也要从中获利，此时他在议会内向自己的政府出示了底线。弗拉基米尔·普京在议会中提出增加原料税收的草案。经济部长格尔曼·格列夫在杜马对这项草案进行表决的前夜接到一名尤科斯公司高层的电话，说得很直白。

“那名经理说：‘格列夫先生，我们知道您为市场经济的发展做了什么。但是您的提议威胁到了我们的利益。我们告诉您，那项草案不会通过的。我们想了办法。’”格列夫回忆道，“我和财政部长库德林后来非常绝望地离开了议会。油价涨了，但只有石油公司赚到了钱。”政府必须撤回该草案。对于财政部长库德林来说，这无异于敲诈勒索。

《芝加哥论坛报》写道：“在议会内负责税收的委员会会议上，尤科斯的律师也在场，并规定应该怎么选择。所有草案都要么大打折扣，要么因为霍多尔科夫斯基的游说无法通过。”普京利用法律限制俄罗斯石油公司的权力和利润的努力付之东流。英国石油公司的董事会主席约翰·布朗那时正在与霍多尔科夫斯基谈判，尤科斯的老板向他保证说，议会尽在他掌控之中。“后来我变得非常紧张。他告诉我，他挑选了人进杜马，他将确保石油公司几乎不用交税，他还控制了许多有影响力的人。”约翰·布朗的印象是，这个俄罗斯人不计代价地鼓动他买进尤科斯的股份，最终他拒绝了这笔生意。普京的警告犹在他耳中：企业不应该干涉政治。普京对与霍多尔科夫斯基对抗的这一阶段的回忆掺杂了非常个人的滋味：“那人让我不得不咽下更多的肮脏龌龊。”

判决与人权

霍多尔科夫斯基越来越感觉时间紧迫。2003年2月，他和总统公开发生冲突，还在电视上转播。他指责国有石油公司的管理层腐败，于是弗拉基米尔·普京问他是否缴纳了税款。在莫斯科，检察院对尤科斯的工作人员展开了贪污和谋杀的调查。尤科斯最亲密的合作者之一被逮捕。几周后，美国驻莫斯科大使在一份致美国国务院的机密报告中写道，这一行动是对该公司老板的警告，是要让他在政治上收敛，不要再为了在议会中促成或阻止法律通过而拿大笔资金支持反对派。不过，大使给出了一切安全的信号。“大多数政治观察家认为，尤科斯和克里姆林宫正在阻止冲突升级，并在私底下调整他们的不同意见。”

弗拉基米尔·普京并不是不愿意与乔治·W. 布什在能源领域展开更密切的合作。他看到，仅仅美国人的技术优势就对降低俄罗斯油气田未来开发成本有着巨大益处。两位总统已经会见了多次，并对彼此产生了某种好感。2001年9月11日的恐怖袭击事件不仅拉近了两国官方层面的距离，还加强了政府首脑之间的私人关系。一个月后，弗拉基米尔·普京偕妻子在得克萨斯的克劳福德农场拜访了布什夫妇，双方关系在晚饭时变得更加亲近。根据谨慎的说法，他们将在未来更亲密地合作。从此以后，两位总统定期联系。

2003年9月的一个周五，纽约证券交易所主席连同二十名美国经济界高层人士在华尔街11号接待了到访的普京总统，接待者中有一位十分特别的人物。埃克森美孚的董事长、美国副总统迪克·切尼的好友李·雷蒙德与弗拉基米尔·普京约好商谈收购尤科斯。他与米哈伊尔·霍多尔科夫斯基已经谈好了，原则上达成了一致。现在他想找克里姆林宫的主人确认一下。

对于俄罗斯总统来说，华尔街的商务会议是这个周末第二重要的会面，而周末的两场重要会面实质上都围绕着弗拉基米尔·普京对俄罗斯社会的理解和展望。前文说过，他将在纽约与俄罗斯流亡教会的代表会面，以推动俄罗斯东正教会与流散的分裂部分重新融合。而在距离倒掉的双子塔只有几米远的地方与曼哈顿金融街人物的会面，则涉及苏联解体后的根本性决定与随之而来的经济私有化。关于俄罗斯的原料资源，他应该允许跨国公司发挥什么样的影响，既然它们对国家未来的经济发展至关重要？过去几年的灾难让他认识到：没有规范市场经济的法律，俄罗斯就不会复兴。但为了保护俄罗斯的利益，他需要制定规则来确保他对俄罗斯发展的影响力。

李·雷蒙德奉行铁一般的谈判文化，这是石油巨头们的世界中基本规则的一部分。埃克森美孚根据久经考验的行业原则进行收购——要么全买，要么不买。董事长先生在纽约证券交易所会议室的这次秘密会谈中提出的建议是一个条件，而不是讨论的基础。条件是：埃克森美孚买下尤科斯51%的股份。“然后您可以决定，您拿剩下的49%做什么。比如政府自己买下，或者放到股市里去。”董事长友好地向俄罗斯总统解释道，好像这49%是他们公司的特别恩惠一样。他现在只是要从总统这里知道，埃克森美孚是不是能拿到这51%，否则的话就当没有这笔交易吧。

普京追问道，这是不是意味着，在俄罗斯尤科斯在什么时候、什么地方、以怎样的方式投资和经营，他以后就要请教李·雷蒙德了。董事长爽快地回答“没错”。这正是公司想要多数股权的原因，此外也没有那么糟。埃克森美孚已经在世界上许多国家使用了这种方法。总统简短地回答说，他今天无法做出决定。董事长表示完全理解。毕竟这不是一个火烧眉毛的问题。总统就这件事当然还可以召集会谈——没有人会责备他居然还要跟他的人商量。最后，埃克森美孚的董事长乐观地认为，这笔交易是会成功的。这显然是一个错误的判断。还要再过几年，埃克森美孚才能再次坐到谈判桌旁。

虽然李·雷蒙德理所当然地提出来了，但普京并没有接受美国石油巨头的多数股权要求。他更反感那种故意的傲慢，董事长用那种态度告诉他事情会如何进展，并仁慈地给他一点时间来搞明白这种价格层次的交易在国际上是如何处理的。北约扩张之后，这成了他的又一条重要经验，他了解了西方是怎样看待俄罗斯的。

一个月后，尤科斯石油公司的董事长在私人飞机经停新西伯利亚时被捕，引起轰动。官方说法是，这涉及2003年俄罗斯政府与企业家米哈伊尔·霍多尔科夫斯基围绕No. 18/41-03刑事案件的争端，涉及逃税、诈骗或贪污等一般犯罪，即便在特定案件中此类犯罪的数量级令人惊叹。非官方的说法是，这是国家由谁掌权、谁的行动范围有多大的问题。阿列克谢·库德林回忆道："我很清楚，这涉及的是几十亿税金，尤科斯钻了法律的空子，把这些钱装进了自己口袋。但是普京没有跟我讨论过具体的程序。"在两次审判中，霍多尔科夫斯基和成为共同被告的业务伙伴普拉东·列别杰夫双双被判多年监禁。在接受审判并缴纳税款之后，尤科斯破产。官方称，公司解散，资产被拍卖，以清偿欠税。对于弗拉基米尔·普京来说，这是漫长战斗之后的合理结果："出售尤科斯资产获得的钱进入了国库。(……)这笔钱是从人民的口袋里偷走的，现在必须归还给人民。"

霍多尔科夫斯基案在西方成了俄罗斯缺乏社会行为规范和人权的典型。霍多尔科夫斯基的国际律师们正与他的公关公司一起为他开发更多的形象。除了现在让他享受到国际尊重的改过自新的成功资本家形象之外，他还成了正直的人权斗士，在最困难的条件下孤身与残忍、腐败的政权斗争。

霍多尔科夫斯基曾及时地将一部分资产转移到国外、出售给股东，现在这名前大老板被描述为“索尔仁尼琴式的明灯”。霍多尔科夫斯基在狱中定期接受报纸采访，或者为西方媒体撰写关于这个国家现状的哲学文章。他成了知晓俄罗斯应当如何改革的专家，就像他自己终于改变了一样。霍多尔科夫斯基提供解释，给出建议，指出当下的政治发展方向，提出开放性问题。他描述了自己的无辜，称自己无论如何都是当前形势的受害者。“在苏联解体后的过渡时期，这里盛行丛林法则。没有人知道哪些规则依然有效——我利用了这一点，跟其他有进取心的人一样。”不过，俄罗斯反对派仍然任重道远。

律师在与俄罗斯司法机关的争论中强硬而具有攻击性，受到攻击的法院也毫不示弱。霍多尔科夫斯基的团队分析了司法机关切实存在的或所谓的错误并暗示媒体，审判只不过是苏联那套斯大林式公审的翻版。西方记者很喜欢抓住俄罗斯国内为争取更多人权而进行的斗争来宣传。

诉诸西方政治正确的公关战略也在展开。国际特赦组织宣布霍多尔科夫斯基为政治犯，尽管组织内部争论激烈。实现这一点，“要经过一场漫长的斗争”，他的律师之一尤里·施密特在自己的事务所里回忆说，“但我们最终达到了目的”。这名来自圣彼得堡的律师专门打人权官司，在法学家普京还在担任副市长时，他就认识普京了。那时他俩就是敌人。国际特赦组织的承认使他们得到了更多的国际支持，在德国也是如此。比如，德国绿党议员玛丽路易丝·贝克选择了莫斯科的这桩案件作为她未来几年的政治工作重点，定期飞去俄罗斯，招待群集的德国和外国媒体。她的丈夫拉尔夫·菲克斯是海因里希·伯尔基金会的主席，他凭借职位有效地支援了这一运动，他们一起不懈地谴责不公正。就连安格拉·默克尔与贝拉克·奥巴马这样的政治家也谴责俄罗斯法院"片面"，公开向俄罗斯总统呼吁释放前寡头。

这是政治上的双重策略。除了道德运动之外，律师和前尤科斯股东们还起诉到斯特拉斯堡的欧洲人权法院。他们声称，对霍多尔科夫斯基和尤科斯的诉讼完全是出于政治斗争，索要高达数十亿美元的追加税款，就是为了推动公司破产并将它低价售出。前股东们向俄罗斯政府要求750亿美元的赔偿。

斯特拉斯堡的法官们则不这么认为。他们判俄罗斯向前尤科斯股东们支付15亿欧元的赔偿，因为有些罚款是不被允许的。然而在核心问题，即对米哈伊尔·霍多尔科夫斯基的审判是不是一场政治诉讼方面，他们却宣判俄罗斯无罪。

"潜在的政治对手或商业对手直接或间接地从中获益这一事实，并不能阻止当局追究他的刑事责任，如果他受到严重指控的话。"法官在俄罗斯法院的现有证据中看到，刑事诉讼"怀疑完全充分"。他们批评了调查期间的一些情况，但期待中的平反并没有在斯特拉斯堡发生。

股东们也找到了海牙的国际仲裁法院，这里有不同的意见。他们判俄罗斯支付500亿美元的赔偿金，与欧洲法院的法官们不同，这里将这一诉讼归类为政治诉讼。国际仲裁法院并非传统意义上的法院，而是一种调解机构。它为双方提供一个平台，在没有正式法院参与的情况下解决纠纷；提供一种调解方式，正如美国和欧洲在订立《跨大西洋贸易与投资伙伴协议》时所规定的那样，给予经济界在传统法院之外对抗政府决定的可能。仲裁结果具有法律约束力。俄罗斯在荷兰的一家正式法院对这一结果发起诉讼。前股东们已经开始扣押俄罗斯政府在境外的资产。在2015年6月欧盟国家开始冻结俄罗斯账户之后，弗拉基米尔·普京宣布要反抗:“我们的立场很明确，俄罗斯不承认这家法院的合法性。”显然，在米哈伊尔·霍多尔科夫斯基得到赦免之后，尤科斯案还远未完结。

第十七章　试运行

北约与格鲁吉亚战争

指挥家瓦列里·捷杰耶夫在数周后仍然对2015年初《纽约时报》的长时间采访表现得很激愤。“我看起来像个白痴，我所说的话70%都被删掉了。我事先就跟他们说过，他们不会喜欢我告诉他们的话。”捷杰耶夫打着冷战，他感冒了，要了杯双份威士忌。这位音乐家每次在俄罗斯首都逗留，都是住在丽思卡尔顿酒店。他正在俄罗斯各城市筹备复活节音乐会。在过去几个月里，他总是被人问起政治而不是音乐，这让他很心烦。

“美国记者问我关于克里米亚的问题时，我反问道：‘接收克里米亚的时候，到底死了多少人？只有一个，还是意外。’他们不喜欢这个答案，也没有把它登出来，尽管他们坚持要问。”

这位马林斯基剧院的艺术总监和首席指挥1953年出生于圣彼得堡，二十多年来一直是世界范围内最重要的俄罗斯文化大使之一。无论是纽约大都会歌剧院、维也纳爱乐乐团、伦敦交响乐团，还是后来他担任首席指挥的慕尼黑爱乐乐团，几乎没有哪个世界知名乐团不欢迎他的到来。瓦列里·捷杰耶夫的音乐素养是不容置疑的，但在西方的眼中，很遗憾，这个人有一个严重缺陷。他是弗拉基米尔·普京的朋友，在西方各大城市演出时也会成为人们批评俄罗斯总统的首选靶子。之前在巴黎的一晚是个例外，他和慕尼黑爱乐乐团一起不受干扰地举办了一场音乐会。“票卖光了，”他简洁地说，“乐团很棒。核心是音乐。攻击我的人总是有目的地将音乐会当作公关活动。他们使用捷杰耶夫这个品牌来宣传他们的意识形态。”

他受邀担任慕尼黑的首席指挥时，也激起了很大的风浪，绿党和同性恋团体的活动家要求他公开与弗拉基米尔·普京及其政策拉开距离。音乐家发现，抱有这一荒诞想法的人还包括他的朋友。他没有那么做，他不必做任何事，不必向任何人公开发誓放弃什么，他捍卫了自己和自己对事物的观点。他将为慕尼黑服务至2020年。

瓦列里·捷杰耶夫从不掩饰他与俄罗斯总统的亲密关系。他们二人于艰难岁月中在圣彼得堡相识，那时年轻的指挥家正在帮助破产的马林斯基剧院重新赢得世界声誉。作为新任经理，捷杰耶夫必须考虑马林斯基的生存问题，它是俄罗斯最古老的歌剧院，也有芭蕾舞团和交响乐团：“我们是国有的。但是莫斯科不再付工资了。我尽一切努力把人挽留了下来。当时的副市长弗拉基米尔·普京试着提供帮助，因为他了解马林斯基剧院的重要性。”

几年之后，马林斯基剧院和它的指挥捷杰耶夫对俄罗斯人来说成了一个跟音乐关系不是很大的概念。2008年8月7日，格鲁吉亚军队进攻南奥塞梯，以图将这块背叛多年的地区重新收归第比利斯的中央政府。莫斯科方面立刻派出俄罗斯军队前往格鲁吉亚，俄军在几天时间内就将格鲁吉亚军队赶出南奥塞梯，恢复了该地区的原状。2008年8月在第比利斯和莫斯科之间进行的高加索“五日战争”让欧洲短暂地走到了一场大战的边缘，就像几年后的乌克兰动乱一样。十四天后，在2008年8月21日，指挥家捷杰耶夫来到炸毁的南奥塞梯首府茨欣瓦利，在议会大厦的残垣断壁前率圣彼得堡乐团演奏德米特里·肖斯塔科维奇的第七交响曲。此前他还以同样的激情控诉了格鲁吉亚对南奥塞梯的军事袭击，这次袭击导致数百人死亡，而他向穿着礼服或制服聚集到广场上的数千人表达了哀悼之情。这一时刻既悲伤又感人。乐团是直接从伦敦的英国广播公司逍遥音乐节上飞过来的。演出在俄罗斯现场直播。捷杰耶夫和他的妻子都是南奥塞梯人。

《华盛顿邮报》的评论员将捷杰耶夫的音乐思想当作“政治声明”来谴责，称这名指挥家现在“与俄罗斯的民族主义结盟了，用上了他全部的反民主坚定性”。在这场感人的露天演出的次日，《卫报》写道:“他的爱国主义无疑是真的。”

演出的音乐是经过精心挑选的，有着象征意义。德米特里·肖斯塔科维奇是在列宁格勒被围困之时写下第七交响曲的，这首曲子就叫《列宁格勒》。这部作品首演于1942年。对于捷杰耶夫来说，演出不是政治问题，而是态度问题。“我的音乐会是对逝者的缅怀，不在乎《华盛顿邮报》的评论。如果俄罗斯没有干预的话，将会有数以千计的南奥塞梯人被杀害。这部音乐不仅是讲希特勒，还讲被带到我们生活中来的罪恶。”他如此解释他的自发行动。

8月初战争爆发时，瓦列里·捷杰耶夫正在德国和英国举办巡回音乐会。“英国和德国的国防部长都出席了音乐会。”捷杰耶夫对自己当时的情绪状态依然记得很清楚。“我只有一个问题要问他们：究竟是谁发动的战争？难道只是因为俄罗斯人看天气不错而心血来潮？没有人回答我。他们只是友好地听我讲话，什么也没说。”因南奥塞梯事件而愤怒的不仅有音乐家瓦列里·捷杰耶夫，还有弗拉基米尔·普京——他的愤怒带来了影响深远的后果。

早在1917年沙皇统治结束之前，南奥塞梯就在流血冲突中自卫，反抗格鲁吉亚吞并这一地区的企图。这片高加索的心脏地带在格鲁吉亚苏维埃社会主义共和国获得了自治地位。在接下来的几十年里几乎没有冲突出现，因为一个叫作约瑟夫·维萨里奥诺维奇·朱加什维利的格鲁吉亚人——他更为人所知的名字叫约瑟夫·斯大林——以强硬的独裁手段控制着苏联，他建立的制度在他死后还维持了很长时间。他肯定无法想象，几十年后俄罗斯空军会在进军南奥塞梯时轰炸他的出生地哥里。苏联解体后，冲突再次爆发。奥塞梯南部归入格鲁吉亚，北部归入俄罗斯。那时南奥塞梯就发起了反抗，宣布独立。西北部的阿布哈兹也做出了类似的自治努力。

自那时起，格鲁吉亚的历史就充满了口头上宣称的和实际上爆发的战争。第比利斯的政府在2008年向西方鼓吹莫斯科将重建苏联，号召西方发动新的冷战和斗争。这是格鲁吉亚的招数，目的是以自由和民主的名义在百年之后最终吞并这片背叛自己已久的土地。

对于弗拉基米尔·普京来说，与格鲁吉亚的冲突确认了一个观念，即军事手段显然是西方能够理解的语言，如果俄罗斯要申明自己的利益的话。这场战争成了转折，让他长久以来的推测得到了证实：西方，尤其是美国，为了破坏俄罗斯的稳定，不会放弃任何一个机会。使普京强化了这一印象的，不仅是这场冲突的前情，还有美国利用和激化这一长达几十年的民族冲突的有的放矢的方式。这种民族冲突由错误的判断和意识形态上的观念所决定，它们要求按照地缘政治划分边界，在政治上却越了界。而西方的政策没有能力认识到这种发展的爆发力。格鲁吉亚是乌克兰问题的试运行。

具体来说，格鲁吉亚前总统米哈伊尔·萨卡什维利想要在美国的大力支持下尽快将格鲁吉亚带入北约的努力失败了。机会很有利。美国国内开始大选，单单提一下俄罗斯或者弗拉基米尔·普京就会引发轩然大波。这值得好好利用。冷战时期遗留下来的忧虑情绪。当萨卡什维利2008年春现身华盛顿并为加入北约寻求帮助时，美国总统表示了支持。那是在乔治·W. 布什的最后一年任期。共和党的候选人是参议员和强硬的右翼人士约翰·麦凯恩。这位总统候选人一直主张格鲁吉亚加入北约，他1997年就认识了野心勃勃的萨卡什维利，他们关系不错。麦凯恩多年来一直致力于在前苏联加盟共和国推行民主制度。他日后也将站到乌克兰的独立广场上。他的口号根据政治危机和地理需要而变化。“我们都是格鲁吉亚人”或者“我们都是乌克兰人”。一副久经检验的良方，它不仅仅在美国管用。

麦凯恩是俄罗斯总统普京的激烈反对者，并且毫不掩饰他的反感。这位共和党候选人每逢危机的高潮时刻总是呼吁北约介入。《华盛顿邮报》和《纽约时报》报道，他的外交政策顾问多年来一直作为拿报酬的说客名列格鲁吉亚政府的工资单上。自三年前美国总统访问格鲁吉亚之后，该国与俄罗斯的冲突持续升级。

政变良方

从第比利斯国际机场驾车前往格鲁吉亚首都的市中心大约需要半小时的时间。这条多车道的路名为“乔治·W. 布什大道”，这个名字让人联想到2005年5月美国总统的访问。市政厅前的自由广场上悬挂着美国和格鲁吉亚的国旗，成千上万的人在这里欢迎一位美国总统对这个国家的首次访问。他们专心聆听，即便扬声器偶尔失灵时，布什演讲的词句只能断断续续地飘过来。美国总统对前东方集团成员国的访问传达了普遍的信息：自由和民主正向全世界胜利进军，现在到达了格鲁吉亚，人们可以为自己取得的成就感到自豪。乔治·W. 布什略微讽刺了一下弗拉基米尔·普京，他说这个国家的主权必须"受到各国尊重"。华盛顿十分了解南奥塞梯和其他地区的历史性冲突，也了解格鲁吉亚总统在大选时雄心勃勃的公开承诺，即必要时使用武力重新驯服不顺从的地区。

这次高层访问是对米哈伊尔·萨卡什维利的特意褒奖。这个年轻人曾在美国留学，一年前当上了总统。萨卡什维利非常自信且完全美国化。他曾在纽约的哥伦比亚大学读书，后来又去了华盛顿。苏联外交部长、后来的格鲁吉亚总统爱德华·谢瓦尔德纳泽将这名政治天才收归麾下，不久后就任命他担任部长。学徒萨卡什维利抓住了机会，推翻了谢瓦尔德纳泽，并在不久后的2004年推翻了行将崩溃的制度，这得益于大规模选举舞弊引起的全国范围的暴动——以及华盛顿的积极支持。米哈伊尔·萨卡什维利是小布什上任之初积极推行的新的美国安全战略的狂热支持者。"20世纪自由和极权之间的伟大斗争以自由力量取得决定性胜利而告终，证明实现国家富强的唯一模式是：自由、民主和自由市场经济。"

萨卡什维利在上任时成功地利用了一项过去几年间在东欧逐渐完善的新技术。原则上说，这是一场内部的权力更迭，但得到了外部的后勤援助。前提条件是人们对一个其大部分已陷入困境的系统普遍不满。活跃分子都很年轻，很理想主义，大部分人有国外学习经历。他们在与新媒体打交道时表现得机敏而灵活，不断制造“新闻”，他们对普遍的不满情绪加以引导，并在政治运动的框架内组织有效的示威活动，这些活动往往顶着一个诗意的名字，如“玫瑰革命”、“橙色革命”或“雪松革命”等。他们往往比迟钝笨拙的国家机器来得圆滑而反应迅速。在东欧，他们主要获得亲近美国政府的基金会的资助，其组织与新保守主义的政治家关系良好，跟提供培训和技术设备的特工也保持着密切的接触。《明镜周刊》将这种政治上的流浪马戏团称为“革命有限公司”，并在于2005年11月分为两部分刊登的系列文章中精确地描述了现代革命是如何筹备的。在2003年的格鲁吉亚和2004年的乌克兰，看上去像是“反独裁的自发人民起义”的事件，事实上在很大程度上得到过“精心策划”。在第比利斯，众多学生参加的新民权运动有一个很粗陋的名字“受够了！”（Kmarat!）。这次运动是由美国亿万富翁乔治·索罗斯的开放社会基金会资助的，该基金会与美国政府有着千丝万缕的联系。《明镜周刊》报道说，索罗斯的钱资助了“2003年6月在日瓦里沙米亚举行的为期三天的和平革命培训”等活动。一千多名活跃分子正在为与国家权力机关之间的冲突升级而努力练习。

2003年11月22日，民众领袖米哈伊尔·萨卡什维利跟他的朋友们从不堪重负的警务人员身边经过，冲击议会。总统辞职，美国大使理查德·迈尔斯主持了谢瓦尔德纳泽政府的下台仪式。新总统随后说，乔治·索罗斯是一位好朋友，他还“给积极参与革命的学生组织付了钱”。

弗拉基米尔·普京在邻国目睹了这一切，对萨卡什维利持怀疑态度。这不仅是因为他看到邻国格鲁吉亚发展成美国前哨，还因为这两名政治家之间的化学反应。在普京看来，萨卡什维利是一个狂妄自大的挑衅者，他对局势认识不清，逞强好胜；而萨卡什维利则认为普京是这么一种人，最终一定要告诉别人现在的情况是什么样的，还要威胁别人，不听话老大就要教训他。与俄罗斯接壤、有四百多万人口的这个小国的新总统扮演起自己所选择的历史角色，他在东西方都不放过任何公关机会，来强调他是如何作为自由世界的代表大卫对抗强大的巨人歌利亚的。他在对华盛顿的一次访问中对布什说："我们现在准备好了要实施这一自由计划——为了我们的人民，为了我们的价值观和美国。美国对我们很重要，因为它向世界其他地方表明了自己的理想。"面对这种力量设想和威胁的结合，普京凭天生的敏锐做出了反应。华盛顿模棱两可的态度让他更为恼火。布什并没有严肃对待他自己曾明确做出的要阻止北约东扩到格鲁吉亚的承诺。对抗在所难免。

美国方面如国务卿科林·鲍威尔等人的提醒是很少见的，鲍威尔在2005年辞职前很久就给过这个年轻人一个好建议："您认为，这涉及贵国的根本利益。我们对此不是很确定，但它无论如何无关我们国家的利益。所以您不要让自己陷入您无力应付的局面。您也不要以为，我们会随时过来救您。"鲍威尔的继任者康多莉扎·赖斯的公开表态没有那么严厉。她在危机爆发之前就格鲁吉亚的紧张局势拜访了普京，转达了布什的一条消息：美国总统指出，这可能对美国和俄罗斯的关系不利。普京请赖斯向她的老板转达一句简洁的回复："我所做的都是不得不做的事。"

格鲁吉亚总统向布什提供2 000名士兵加入参加伊拉克战争的"志愿联盟"，而德国总理格哈德·施罗德、法国总统雅克·希拉克和俄罗斯都拒绝参战。这场战争夺去了十多万伊拉克人的性命，并使得这一地区直到今天仍然动荡不安。第比利斯的国防部五楼现今坐满了美国教官，他们将格鲁吉亚的这支小部队带到了前线。五角大楼提供武器，格鲁吉亚总统在他统治的前四年将国防预算提高到了将近原先的六倍。

谁在冲突中开了第一枪是毫无疑问的。格鲁吉亚总统萨卡什维利引发了战争，找借口对反叛的南奥塞梯省发动了攻击。他的前任爱德华·谢瓦尔德纳泽早在1992年就试图通过一场血腥的战争征服南奥塞梯。当年签订停火协议以后，俄罗斯就获得了在该地区驻军的正式授权，因为要监督停火协议的执行。萨卡什维利曾发表官方声明称，在袭击发动之前，就有俄罗斯军队入侵格鲁吉亚，而他下达攻击命令只不过是为了紧急防卫，一年后，这句谎言就被戳穿了。

瑞士外交官海迪·塔利亚维尼与20名军事和法律专家以及众多人权分子受欧盟委托起草调查报告，于2009年正式提交，这份厚逾千页的报告中满是分析、公文和证词，澄清了格鲁吉亚领导人的自卫谎言。报告指出："在格鲁吉亚发动军事行动之前，俄罗斯并未发动武装袭击。"格鲁吉亚指责说"在袭击发动之前"就有大量俄罗斯士兵进驻南奥塞梯，这是"无法证明的"。同样无法证明的还有"俄罗斯即将发动进攻"的说法。欧盟专家指责双方在冲突过程中都犯有战争罪，但是谁开了第一枪是毫无疑问的。"对于我们与冲突双方的关系发展来说很重要的是，双方各自的责任有多大。"德国外长弗兰克-瓦尔特·施泰因迈尔论证了派出独立调查委员会的必要性，在冲突爆发三周后，德国就敦促欧盟理事会派出了调查组。

根据调查报告，格鲁吉亚军队对南奥塞梯首府茨欣瓦利的炮击开始于8月7日至8日的夜间，冲突持续了五天多，由于俄罗斯军队进入格鲁吉亚地区而激化。在南奥塞梯，有数百人遇难，

1 700多人受伤。俄罗斯方面有67名士兵阵亡。难民人数超过10万人。尽管美国也曾发出过警告，萨卡什维利仍然孤注一掷，导致了格鲁吉亚方面约200名士兵和警察死亡。调查委员会总结道，“该地区的冲突有着深刻的历史根源”，是“逐渐增强的紧张和挑衅形成的高潮”。这显然是经过精心准备的高潮。

普京是在北京，在奥运会开幕前不久接到袭击的消息的。三个月前，他刚把总统的位置转交给德米特里·梅德韦杰夫，此时他作为俄罗斯总理发表了毫无疑义的声明。他在紧急召开的新闻发布会上说：“格鲁吉亚动用重型武器、炮兵和坦克发动了军事袭击。这是一起相当令人悲伤的事件，而我们会做出回击。”

他将在几个小时后与乔治·W. 布什展开对话，后者也前来参加奥运会。“我在体育场里见到了他。”弗拉基米尔·普京回忆道，“我的感觉是，华盛顿不会制止这场冲突。他请错了人当顾问。”美国总统通过电视台传达了官方态度。他称，他曾非常明确地告诉普京，暴力升级是不可接受的。副总统迪克·切尼也在华盛顿补充说，俄罗斯对格鲁吉亚的暴力行为“必须得到回应”。

奥运会开幕式一结束，普京就立刻退场，并在当天夜里到达南奥塞梯边境的弗拉季高加索。电视镜头展现了一个坚定的总理形象，他访问了难民营，与俄罗斯将领对话，并去医院慰问了受伤的士兵。这些原本应当是总统梅德韦杰夫的职责。俄罗斯军队对敌军发动空袭，并将坦克开进格鲁吉亚。萨卡什维利在几天之内就签署了一份停战协议，法国总统萨科齐代表欧盟参加了谈判。

华盛顿没有参与军事行动。布什回到白宫后只是谴责俄罗斯拿它在“21世纪政治、经济和安全结构”中的地位冒险，他还宣称，将派出两架军用飞机向第比利斯提供保护、供应食品。与此同时，萨卡什维利在第比利斯向聚集在鲁斯塔韦利大道上的数千名欢腾的支持者激动地宣布“我们告别了苏联”。波兰总统莱赫·卡钦斯基和立陶宛、拉脱维亚、爱沙尼亚的国家元首应他邀请来到格鲁吉亚首都，站在他旁边应声欢呼，不过布什对此没什么印象。他们都支持萨卡什维利，他们自己跟苏联的账也没算完。但算账是没用的。

“除了采取军事行动，我们还能做些什么呢？只是擦掉血迹垂头丧气？”弗拉基米尔·普京在事后反问道。他在北京看了西方的报道，为了看看格鲁吉亚的袭击引发了什么样的反应。“没有喊叫，什么都没有，就好像什么都没有发生过。这一切都归咎于我们。”他再一次确信，只能依靠自己的力量。

美国驻莫斯科大使馆在冲突发生后不久的8月26日向华盛顿，尤其是中央情报局和国务院发送了一份“绝密”级的电报，对过去的几周做了评估。报告中尽是这些日子在莫斯科的外交官接待酒会上说的话。一如往常，话题更多地围绕着人而不是战争的起因，即引发冲突的各方利益。报告的含金量就一目了然了。

“格鲁吉亚冲突一开始，梅德韦杰夫就退缩了。普京的外交政策顾问乌沙科夫告诉德国大使，普京对梅德韦杰夫的失误感到深深忧虑，他在8月8日没有立刻表现得坚毅果决。普京在北京曾多次打电话干预。（……）当冲突缓和下来，梅德韦杰夫和法国总统就停火协议进行谈判时，（……）又达到了恰当的平衡，尽管法国人告诉我们，普京也出席了会谈。（……）在格鲁吉亚冲突发生之后，没有人怀疑普京在政治体系中占据首位。”

政治家弗拉基米尔·普京对这种消息的评论也并不令人惊

讶："出兵的决定是总统做出的。没有任何一辆坦克的行动是未经总统德米特里·梅德韦杰夫许可的。"弗拉基米尔·普京非常守礼。

格鲁吉亚冲突的这一年决定了未来几年的政治行为模式：公开宣布妥协，实际却没有让步。这最终导致2014年乌克兰危机的爆发。世界各大国的政治领导人宣称要互相理解，实际上却不遗余力地指出，另一方的行为模式是行不通的。安格拉·默克尔很早就确信，米哈伊尔·萨卡什维利的对抗行为是危险的。可她却遵循了美国的路线，只是稍微做些修饰。从政治生涯之初，她就从根本上对美国政府的外交政策亦步亦趋，她不会就德国和美国的利益提出真正的争议。默克尔对布什的接班人也继续采取这一态度。美国是"与我们密切合作的重要伙伴，因为双方的共同利益需要这种合作，因为双方想要这种合作，因为双方有共同的价值观"。2015年夏天在埃尔毛城堡举行的七国集团首脑会议上，她在贝拉克·奥巴马身边重申了她过去的坚定信念。2008年4月，在战争爆发之前四个月，也没有什么不同。

真假解决方案

北约首脑会议的前一晚，在齐奥塞斯库总统位于布加勒斯特的雄伟宫殿里，传统晚宴的时间比计划的要长一些。乔治·W. 布什提出的让乌克兰和格鲁吉亚通过快速程序加入北约的建议遭到了成员国抵制。法国和德国都反对，意大利和荷兰、比利时、卢森堡也赞同法国和德国。政府首脑们认为，乌克兰的问题是，该国的大多数民众不希望向北约靠拢，因此这样一种冒进可能会威胁到政府。

德国外长弗兰克-瓦尔特·施泰因迈尔提醒说，这两个国家的局势都不太稳定，此外不应该去惹俄罗斯，他提醒在座人员注意莫斯科的态度。普京这个话题在几个小时里都是激烈辩论的焦点。讨论一直持续下去，并越来越尖锐。“西方”变得越来越大，与此同时其利益也发生了改变。波兰和波罗的海国家告诉安格拉·默克尔，它们希望北约东扩，这些国家想起了德国的历史和道德上的债务。美国国务卿康多莉扎·赖斯回忆道：“东欧人变得多愁善感了。遗憾的是，他们做得太过了，跟他们要向德国人1930年代至1940年代的行为表示感谢一样。”

布什也很懊恼。他的提案必须获得一致通过。他想在他的时代结束前再创造一个醒目的标志——载入美国的史册、反对“邪恶的帝国”。几个欧洲国家的拒绝并不会让他特别在意。通过此前与默克尔的多次电话会议交流，他已经了解了那些怀疑和顾虑。他虽然承认了这些负面情绪，但认为抵制是微不足道的。当晚宴之后压力增大时，实用主义者安格拉·默克尔又扮演回了旧的角色，恢复了平常的态度。德国总理想避免一场因信念不同而引发的争执。

她建议说，这些国家可以加入北约，但必须是在经过一段时间的喘息之后。默克尔这套老把戏更重视第二天的头条标题而不是新闻内容，但它起了作用。北约还决定接受克罗地亚和阿尔巴尼亚，并且通过了即将卸任的美国总统的又一个心仪的项目，即在俄罗斯边境部署导弹防御系统。“我怀着满意的心情踏上归途。”德国总理在总结发言中说，随即前往机场。安格拉·默克尔令人信服地拿出的格鲁吉亚和乌克兰加入北约时间早晚之间的细微差别，被德国人当作那天的胜利来庆祝。对于眼下的局势、对于外交官来说，这是一份漂亮的措辞。但它在最终的公报中没有得到反映。

关于确切时间点的争议不会改变莫斯科满怀疑虑地观察到的实质。它涉及美国及其同盟的一个根本性的决定，而这是十分明确的。“北约赞成乌克兰和格鲁吉亚向欧洲-大西洋体系靠拢，两国想加入这一军事联盟。我们今天一致同意两国成为北约成员国。两国都对联盟的运作做出了宝贵的贡献。”这是第23点所写的，俄罗斯对这条决定也是这么理解的。《法兰克福汇报》评论道：“北约在其59年历史中尚未下过这样的决心。”

会议结束时，普京也受到邀请，可以发言。四周前安格拉·默克尔造访莫斯科时就向他说明过，他对北约接受谁、不接受谁的问题自然是无权置喙的，她还再一次强调，北约东扩绝对不是针对俄罗斯的。普京在布加勒斯特给出了正式答复。他在政府首脑会谈中的音调是和缓的，但他给出的信息是毫无疑问的：“我们没有否决权，我们也不会假装我们有。但是我们希望你们大家都知道：我们也有利益牵涉其中。目前约有1 700万俄罗斯人生活在乌克兰。”他强调了俄罗斯黑海舰队和克里米亚，警告参会的战略家，北约的扩张破坏了乌克兰的局势。他问道，为何俄罗斯对目前的局势不应当主张自己的利益？

“仅仅说这对我们不构成威胁，这样的解释是不够的。”他继续说，“国家安全不是建立在承诺之上。特别是，类似的承诺在北约此前数次扩张之时我们就已经听过了。”然后他补充道，“我们的边境上出现了一个强大的军事集团，俄罗斯将视之为对国家安全的直接威胁。”

为表善意，他同意与北约缔结一项过境协议，允许北约为“打击恐怖主义”将物资经俄罗斯运抵阿富汗。

他邀请乔治·W. 布什第二天晚上访问他在索契的夏宫“博恰

罗夫小溪”。这是两位政治家作为总统最后一次正式会面。弗拉基米尔·普京将向他介绍自己的继任者德米特里·梅德韦杰夫，并再次与他商谈计划中的东欧导弹部署。他自己将在一个月后改坐到总理的位置上。

第二天早晨在黑海岸边，举行了一场充满怀旧气息的告别演出。这两个人在任期内会见了二十多次，发现对方并不讨厌，他们讨论过许多政治问题却很少取得一致意见，不过比起下任总统贝拉克·奥巴马干巴巴的语言，弗拉基米尔·普京更适应布什的牛仔腔。“这两匹老马”（布什愉快地打趣）的不同立场，并不会改变美国和俄罗斯就双方未来“战略框架”的官方声明，尽管美国方面称关于导弹防御系统的谈判取得了重大进展。

“我想可以这样说，这是一个重大的突破。”美国总统解释道，试图给这场告别演出加上一圈重大历史事件的光环。弗拉基米尔·普京很友善，他说布什很坦率、很直爽，强调“这是很有价值的”。只是在具体事情上他并不同意。“这无关语言，无关外交辞令或正确措辞。这事关问题的核心。”他着眼于俄罗斯的利益，说道，“请允许我直言相告：我们对美国计划的根本态度没有改变。”剩下的是相互表达的友善和得克萨斯式的诗情画意。布什在与会集的新闻界人士告别时说：“在许多重要的政治时刻，人们直视你的眼睛，跟你所说的并非他们所想。”然后他转向弗拉基米尔·普京，继续说道：“他看着别人的眼睛，所说就是所想。对于男人来说，这是达成一致的唯一途径。”但是也不会达成更多一致了。

作为对北约扩张计划的回应，弗拉基米尔·普京将在第二任期结束时下达最后的总统令，确保给予南奥塞梯和阿布哈兹进一步支持。7月，美国国务卿康多莉扎·赖斯与格鲁吉亚总统萨卡什维利一起在第比利斯公开露面，她保证在将来致力于促进北约尽快接受格鲁吉亚的加入，尽管她，据《纽约时报》爆料，曾经关上门警告他不要挑衅。

北约在布加勒斯特通过决议后四个月，萨卡什维利终于下达了袭击南奥塞梯的命令，并请求美国返还格鲁吉亚借出的军队，这些人在中东战斗，听命于美国，为萨卡什维利挣下了通往这份跨大西洋友谊的门票。美国驻第比利斯大使约翰·F. 特夫特8月8日上午紧急致信华盛顿:“格鲁吉亚国家安全委员会4时许请求在24小时内撤回驻伊拉克的1 000名格鲁吉亚士兵。”萨卡什维利进行了全国总动员。他指责俄罗斯“公开侵略，呼吁国际社会伸出援手”。

弗拉基米尔·普京对布什总统的任期和他的俄罗斯政策做出的评价是“令人遗憾”。“很显然，他不得不做美国人期待他做的事情，而他请错了顾问。”

俄罗斯将在同一年进行彻底的军事改革。格鲁吉亚总统萨卡什维利两年后在议会选举中失败，2013年移民美国。“到头来，他自己的民众对他的恨意并不比对被他推翻的前总统爱德华·谢瓦尔德纳泽更少。”《明镜周刊》对这个曾经被寄予希望的人自己选择的流亡生涯总结道。自那以后，他祖国的当局就签发了逮捕令，以滥用职权之罪追捕他。

萨卡什维利很早就插手了他邻国的独立广场示威运动。2015年夏，他放弃了格鲁吉亚国籍。自2014年6月起担任乌克兰总统的彼得·波罗申科为他的朋友萨卡什维利提供了乌克兰国籍，并任命萨卡什维利担任黑海港口城市敖德萨所在州的州长。此后，新任州长就将乌克兰东部的战争和格鲁吉亚曾经的战争进行比较。在他的老家，他最终又陷入批评，因为他呼吁格鲁吉亚士兵为乌克兰军队效力、与顿巴斯的乌克兰东部民间武装战斗。

现在，根据乌克兰中央政府的明确意愿，他应当像在格鲁吉亚一样负责照管那些民间武装。不仅是在敖德萨地区——那里生活着许多说俄语的人，还在邻近地区。这次是德涅斯特河沿岸，距离敖德萨不远的一块狭长地带，挤在摩尔多瓦和乌克兰之间。德涅斯特河沿岸与莫斯科联系紧密。该地区约有50万居民，在1992年决定支持俄罗斯，自那以后就通过敖德萨的港口，后来还有乌克兰的陆路获得补给。一场冻结的冲突，如同外交语言所说的那样。自新州长上任之后，波罗申科总统就通过法律终止了陆上的补给，而萨卡什维利从南奥塞梯和阿布哈兹带来了丰富的经验，知道怎样让冻结的冲突解冻。弗拉基米尔·普京听到这条消息时，本能地用一个讽刺的手势做出反应。他画了个十字。

第十八章　索契与软实力

叙利亚与斯诺登如何激化了莫斯科与华盛顿之间的紧张关系

“燕子号”列车于2013年12月的一个早晨在修葺一新的索契火车站近乎无声地开动起来，它有五节红色的车厢，车上有一位著名的客人和他的随行人员。弗拉基米尔·普京在冬奥会开幕前不久开始了他定期的巡行。从海边到山上的卡拉斯拉雅波利亚纳，从平原上的冰球场到滑雪场的陡峭赛道，需要四十分钟。“燕子号”是不久前一家德国公司交付的三十多列火车之一，它不是出现在索契的唯一新鲜事物。它不仅仅与奥运会有关。

弗拉基米尔·普京的计划是，将这片被遗忘的地区打造成一个有魅力的旅游胜地，这是黑海畔后苏联时代的佛罗里达，因夏季长时间堵车和冬季持续断水断电而著名。索契是普京的国家级示范项目，对他来说，它除了可以展示他所有的运动激情之外，还是一个展示软实力的项目，有助于在国内提高民众自信心，在全世界赢得尊敬，如果一切顺利的话。迄今为止，俄罗斯赢得了冬奥会史上数量最多的奖牌。

总统感受到了压力，他被负责俄罗斯这个最大建设项目的管理人员所包围，他要处理这些大型企业的错误规划、延误和故障，还有腐败。几小时后，他终于动身前往工地，在那里他面对的是同样令人不安的保险公司。消息称，一切在时间表上都是显而易见的，一切都绝对要按时完成——即使看起来并没有开工。

无论如何，雪下了有半米厚，这让情况看起来比意料的更好一些。比如说，滑雪跳台晚了两年才建成，造价比预期高了七倍。这让俄罗斯奥委会副主席艾哈迈德·比拉洛夫站到了悬崖边缘。他的建筑公司负责这个项目。

索契曾三次申办冬奥会，失败了两次。在第三次申办时，普京于2007年亲自前往危地马拉，在国际奥委会全体会议上用英语介绍这座想要举办2014年冬奥会的俄罗斯城市。这次，竞争对手奥地利的萨尔茨堡和韩国的平昌失败了。

这一重大事件不仅可以为普京赢得声望，自从国际奥委会做出决定以来，它也为普京的对手提供了理想的平台。随着比赛的临近，指责越来越强烈，尤其是来自国外的指责。关于可能受到抵制的讨论甚嚣尘上，还有人始终从根本上就表示怀疑，如果奥运会不是在英国或美国举行，就有人说国际奥委会自愿沦为了普京这样的独裁者满足欲望的工具。

除了对奥委会重金打造的热闹大戏与其所依照的显然永远有效的营销规则的合理批评，还有一系列针对国际奥委会的要求，这些要求在道义上是宝贵的，可又是不可能实现的，即要求奥委会除了监督新建体育场馆之外也要督促承办国改变法律和社会结构，如果人们不能认同这个国家的政策的话。那是诸如恐同与人权等众所周知的话题。由于索契大兴土木，还多了破坏环境、发展缺乏可持续性等指责。最后在不久前又提出，奥运会可能并不真的安全，因为达吉斯坦或车臣周边的高加索恐怖分子发出了袭击威胁。以防万一，华盛顿发布了防恐警告。

几个月来，奥运会或世界杯就经常遭受打击，虽然这偶尔会让弗拉基米尔·普京恼火，但一般情况下他还是把这当作政治舞台上的标准演出无动于衷。然而这一天他碰到的情况是，德国总统拒绝参加奥运会。他不是非常惊讶。众所周知，德国总统对他在莫斯科的同行表现出明显的厌恶。约阿希姆·高克虽然经常出行，但迄今为止对俄罗斯首都都是避而远之。普京在前一年访问柏林时，出于礼节上的原因，他必须接待这位俄罗斯来客。

这次会面很短暂，也很冷淡。曾做过牧师的高克宣称俄罗斯缺乏人权。西方是“价值的联合体”，而他认为俄罗斯不在其中。高克在过去就毫不隐瞒他对普京的厌恶。《每日镜报》曾称他是“蒙神恩的反苏分子”，他主张德国联邦国防军在全世界范围内更多参与各事件，是北约的热情支持者。“特别是，如果美国不能承担更多责任的话，德国和它的欧洲伙伴就必须越来越多地为自己的安全负责。”他在2014年1月的慕尼黑安全会议上正式宣布了这一外事信条——德国总统是在推行他自己的外交观念，这其实是职务不允许的。

高克对俄罗斯的怨恨部分来自他家族的历史。高克的父亲曾在第二次世界大战中担任海军军官，1951年在民主德国受控进行间谍活动，被军事法庭宣判有罪，并被送进了苏联的一处古拉格。1955年，由当时的德国总理康拉德·阿登纳斡旋，父亲重获自由，但是他的命运给高克的心灵打下了深刻的烙印，即使苏联已经不存在了，即使弗拉基米尔·普京肯定不是共产党人。

高克的讲话是西方一系列拒绝的前奏。几天后传来了更多令人不快的消息。安格拉·默克尔宣布不会去索契，然后是法国总统弗朗索瓦·奥朗德，最后是贝拉克·奥巴马。美国总统没有派出内阁成员，而是把传奇网球运动员、女同性恋者比利·简·金派去了索契。表明态度是很重要的。两年前在伦敦奥运会上，奥巴马的妻子米歇尔还作为第一夫人带领美国代表团参加。但是弗拉基米尔·普京在乘坐红色的"燕子号"进行考察时，对这默契的冷落还一无所知。

2013年这一年，美国和俄罗斯的关系一直不好。这不仅是因为两国总统之间没有化学反应。两国的利益是截然不同的。新任国务卿希拉里·克林顿也没有改变这种情况，她在与俄罗斯同行的第一次会晤中，很有轰动效应地递给对方一个小盒子，并转达了贝拉克·奥巴马的衷心问候。这一行为暴露出一个典型的弗洛伊德式失误。"我有一份礼物要给您，"希拉里在镜头前说，并给了拉夫罗夫一个盒子，它象征着美国总统第二任期的新起点。那里面是一个黄色的塑料部件，上面有一个标着"重置"的红色按钮。旁边写着所谓的俄语译文："Peregruska"。俄罗斯外交部长笑出了声，他保证，尽管有一个小小的错误，他仍会珍藏这份礼物。拉夫罗夫说："'Peregruska'是错误的译文。"这个词的意思是"超载""超负荷"。

事情就是这样。叙利亚的冲突很快就揭示出，奥巴马和普京的观点有多大分歧。在"阿拉伯之春"运动中，一开始由人民群众发起的反对独裁政府的无害示威，由于叙利亚政府的粗暴反应，很快就发展为更激烈的冲突。在该地区唯一的世俗国家，不久就爆发出什叶派与逊尼派之间血腥的代理人战争，战争由沙特阿拉伯、土耳其和海湾国家资助，战争中使用的武器是美国和俄罗斯制造的。叙利亚最终成为伊斯兰宗教激进主义者的温床，成为跨国界哈里发国的一个标志和典范，极有可能取得成功。原本争取更多公民权利、反对独裁制度的斗争，变得无足轻重。

在关于这场危机的第一通电话中，弗拉基米尔·普京拒绝了奥巴马以军事手段推翻巴沙尔·阿萨德的提议。这不仅仅是因为叙利亚的地中海港口塔尔图斯有俄罗斯在前苏联地区以外唯一的海军基地，也不仅仅是因为叙利亚是俄罗斯长期的合作伙伴。普京是个实际的人，他担心的是该地区动荡加剧。“我们都看到了伊拉克战争的后果。叙利亚的崩溃只会进一步加剧这场灾难。”他表明了俄罗斯的态度，并且不止一次地提到利比亚独裁者穆阿迈尔·卡扎菲的垮台。自那以后，这个北非国家就一直处在混乱之中。

此外，俄罗斯总统也非常清楚，海湾国家在车臣和高加索地区支持伊斯兰宗教激进主义者。奥巴马保证阿萨德垮台会给这个国家带来民主，沙特阿拉伯和卡塔尔会停止支持宗教激进主义者，普京认为这种想法太天真。他认为，支持阿萨德的德黑兰什叶派和希望推翻他的利雅得逊尼派之间的斗争绝不会结束。

“我并不拥护阿萨德。”他强调说，并且认为坚持要推翻叙利亚总统是目光短浅的做法，他认为只有当权者和反对派联合组成过渡政府才是问题的解决之道。在普京看来，与伊朗结盟的巴沙尔·阿萨德不仅是一个重要的权力因子，而且是阻止该地区进一步宗教激进主义化的一股军事上的必要力量。几个月后，俄罗斯似乎证实了他的观点。事实上，在不久后的2012年6月底，联合国安理会五个常任理事国于日内瓦同意在大马士革建立以阿萨德为首的过渡政府。截至此时，在内战中丧生的人数是6万。

然而谈判出来的解决方案不过是纸上的几行文字。就在一周之后，国际调停人科菲·安南不仅宣布他个人失败了，也宣布《日内瓦协议》失败了。以“叙利亚的朋友”(包括沙特阿拉伯、卡塔尔和土耳其，它们全都坚决反对阿萨德、支持战争)的名义，美国国务卿希拉里·克林顿宣布辛苦达成的日内瓦共识作废，呼吁联合国安理会采取军事行动。

联合国前任秘书长科菲·安南在辞去联合国叙利亚问题特使的职务时对美国发表了严厉批评：“如果你们把阿萨德辞职作为谈判的先决条件，那你们是不可能让人们坐到同一张桌子前的。很明显，他不会接受这个条件。”阿萨德还将继续执政很多年。

斯诺登与特殊性问题

联合国安理会不会批准军事解决方案。中国和俄罗斯都反对这样做。由于叙利亚拥有庞大的化学武器库，贝拉克·奥巴马曾发出预警，说如果阿萨德政府部署化学武器，那他们就“踩过红线了”。他说，到此时为止，他还尚未制定任何军事干预措施。在接下来的几个月里，贝拉克·奥巴马和弗拉基米尔·普京之间虽然通过多次电话，却没有达成任何一致。他们也不再谈起俄罗斯和美国之间任何一种崭新的开端。冲突仍在酝酿和升级，领导层之间的相互厌恶也在不断增强。

“奥巴马总统毕竟曾经表态，反对抵制索契冬奥会。”弗拉基米尔·普京在索契火车之旅中在与我谈话时指出，“不像前总统吉米·卡特，1980年美国抵制了莫斯科奥运会。”当时苏联进军阿富汗，以支持喀布尔的共产党政府，反对伊斯兰激进者，而美国则把抵制奥运会组织成了国际制裁行动。联邦德国也没有参加比赛。后来俄罗斯军队遭遇了惨败，于1989年撤出阿富汗。

在纽约世界贸易中心遭遇恐怖袭击之后，这一过程在不同的情境中重演了几次。这次是美军与其北约盟友进入阿富汗，向宗教激进主义的塔利班政权宣战。如今，美国和北约在经历了重大损失后，已经撤回了大部分军队，扶持了一个亲西方的政府，但这个政府并没有什么用武之地。战争仍在肆虐，这个政府的生存前景并不光明。

普京此时还不知道默克尔与奥巴马都不会出席冬奥会。总统的专列离开了沿海的平原，向着山区和冬季两项的运动场驶去，这条线路与几近完工的高速公路平行，该公路是2014年冬奥会最巨额的投资之一。

一方面，弗拉基米尔·普京认为贝拉克·奥巴马很天真——他当然绝对不会公开说出这一点。另一方面，他经常向俄罗斯国家安全委员会中的强硬派表示，没有美国是不行的。在经历了2013年的事情之后，他对美国能够做出和解姿态的期望进一步降低了。正如在北爱尔兰举行的八国集团首脑会议所显示的那样，与美国总统的冲突在过去几个月里并没有减少。

6月份的峰会上拍摄了大合影，那是在短暂访问奥运会建筑工地之前半年：主要工业国家的代表们在摄影师的镜头里看上去并不特别高兴。在距离贝尔法斯特40分钟直升机航程的厄恩湖畔高尔夫酒店里举行的会谈进行得并不很热烈。贝拉克·奥巴马与普京之间的冲突加剧了，他提前宣布，现在官方也将向叙利亚总统巴沙尔·阿萨德的反对者提供武器。八大工业国家的国家元首和政府首脑都应该这样做。奥巴马称，巴沙尔·阿萨德曾使用毒气对付反对派。反之，普京则认为，宗教激进主义者才是这起促使西方国家实施军事干预的事件的始作俑者。

有人使用了毒气，这是肯定的。只是究竟是谁干的没有得到证实，尽管大量的新闻报道都有明确的指责对象。联合国调查人员在他们最近完成的调查报告中写道："根据现有证据材料，不可能确定具体的化学物质、发射系统或作案者。叙利亚政府和反对派互相指责对方使用了毒气。"

欧洲分裂了。英国首相戴维·卡梅伦想和美国人步调一致，但英国国内的气氛阻止了他这样做。安格拉·默克尔对军事介入叙利亚不感兴趣。战火蔓延开来，并越来越多地烧向伊拉克。会议的参与者当然还记得几年前的虚假证据，那是美国为了发动伊拉克战争凭空编造出来的。在最后的公报中，关于叙利亚问题只剩下一句干巴巴的话：应当尽快为这个处于内战之中的国家建立一个有行动力的过渡政府。但如何做到这一点仍然是一个谜，即使遍览群书也找不到答案。死亡人数已上升到10万。奥巴马和普京这两名对手在会议结束时例行说出了通常人们在意见不一致时所说的话。

"我们谈论了叙利亚问题。当然我们意见不一，"弗拉基米尔·普京在联合记者招待会上说，"但我们都打算制止暴力，打破暴力的恶性循环，寻求和平的解决方案。"

"就叙利亚而言，"美国总统说，"我们对这个问题有不同的观点。"除此而外，人们当然要在各个领域继续为两国的利益共同努力。而且他也期待着索契冬奥会。肢体语言很少有机会像在那天的直播中那样清楚地显示两位政治家之间的情感距离。

这次峰会上让贝拉克·奥巴马和东道主戴维·卡梅伦感到非常不快和尴尬的，并不只有叙利亚问题。会议开始时，媒体详细地报道说，英国和美国的情报部门在不久前的伦敦二十国集团领导人峰会上系统地监听和监视了与会政治家的电话和邮件，从土耳其财政部长到当时的俄罗斯总统梅德韦杰夫都未曾幸免。45名分析师夜以继日地忙碌，只为搞明白谁和谁就什么问题沟通过。这并非东道主和华盛顿犯的唯一一次错误，而是范围巨大、延续了数十年的惯例。

揭秘已经进行了好几天。揭露上一次重大政治峰会上的电子窃听事件显然大大影响了这次会议的气氛。重点不在于间谍行为这一事实被摆到台面上来，而在于第一次曝光出来的规模尺度。

证据来自爱德华·斯诺登的电子数据宝库，他在几天前将他在担任美国国家安全局信息技术人员的数年间收集到的资料提供给了《华盛顿邮报》和英国的《卫报》。美国情报部门如何收集和存储外国政要和公司的数据这件事情的曝光，对于美国国家安全局来说不啻一个噩梦。全球范围内运作的情报机构最有可能发生的事故，直到今天仍然占据着头版头条。前中央情报局职员爱德华·斯诺登是一名三十岁上下的年轻人，他的流亡之路将从美国国家安全局在夏威夷的办事处开始，经过香港，在峰会结束后几天抵达莫斯科谢列梅捷沃机场的过境区。

对于我的问题——他是什么时候第一次听说斯诺登的，弗拉基米尔·普京这样回答道："我的情报部门负责人给我打电话，告诉我说，爱德华·斯诺登正在前来莫斯科的路上，要在这里转机并继续流亡。我们先是很小心。我们知道他曾经在中央情报局工作过。"这名前特工在最初的几次露面之后在香港曝光了自己的身份。自那以后，美国就在寻找这名泄密者，并在他离开香港后注销了他的护照。斯诺登向二十多个国家——包括德国——申请避难，但所有国家都拒绝了他。没人愿意挑衅美国。

贝拉克·奥巴马在接下来的几周里多次致电弗拉基米尔·普京，要求引渡斯诺登。然而普京拒绝了。他解释道，美国和俄罗斯之间没有引渡协议。普京偶尔会带着不动声色的愉悦指出，爱德华·斯诺登无疑为人类做出了宝贵的贡献。这名美国前特工最终在俄罗斯避难，自那以后，西方情报机构就定期散布消息说，斯诺登是间谍和叛徒，他跟俄罗斯达成了经典的交易：拿情报换庇护和金钱。爱德华·斯诺登也经常将这条指责斥为诽谤。

德国总理安格拉·默克尔在爱尔兰峰会后得知，就连她的手机也被美国特工监听了。"对朋友进行间谍活动——这是不对的。"默克尔愤怒了一会儿，谈到与美国的无间谍协议，说这份协议毫无约束力，随后她又克制住了。在一次通话中，贝拉克·奥巴马向她保证会提供某种个人电子豁免权，并宣称，他很遗憾并不清楚这整件事，至少不知道默克尔的遭遇。美国总统承诺说，今后这样的事情不会再发生。但这项保证并不适用于其他政治家和德国公司。

安格拉·默克尔此时还不知道的是：美国国家安全局也监听了她的前任格哈德·施罗德和赫尔穆特·科尔。"清单上总共有56个号码，其中有20多个是默克尔最亲密圈子里的人至今仍在使用的。包括她的办公室主任及亲信贝亚特·鲍曼、总理府部长彼得·阿尔特迈尔、负责协调情报事务的国务秘书克劳斯-彼得·弗里切等人的直拨电话。"《南德意志报》在2015年7月发表了维基解密公布的一切行动。"基督教民主联盟与基督教社会联盟议会党团主席沃尔克·考德尔被记录为'默克尔的议会顾问考德尔'。"美国特工对总理府的工作会谈也很了解。"这份清单上还有总理府第2、第4、第6号部门的多条电话线。这些部门负责制定外交和安全政策、经济和金融政策以及监管德国联邦情报局等。”

此后，德国联邦议会的一个调查委员会在柏林国会大厦召开会议，对联邦情报局和美国国家安全局之间的亲密合作进行了审查。议员们发现，美国国家安全局能够自行在德国特工的电脑中输入自己的搜索条件，如电话号码、电子邮件地址等。就目前已经掌握的情况来看，在很多时候，这种合作都违反了德国的法律。法国总统弗朗索瓦·奥朗德后来也得知，他的电话，以及前几任法国总统的电话也被监听，不仅是在峰会上，而是成了惯常之事。布鲁塞尔的欧盟机构也遭遇了同样的情况。这些事情的曝光显然是美国总统不愿看到的。

在普京决定给泄密者爱德华·斯诺登提供避难一周之后，贝拉克·奥巴马取消了原计划在2013年9月进行的一次会面。自从苏联解体以来，还没有哪位总统曾取消过这样的双峰会。目前没什么可谈的，他为自己的侮辱行为辩解道。但美国总统保证说，他将参加9月初在圣彼得堡召开的二十国集团领导人峰会。在白宫二楼著名的宴会厅东厅，奥巴马在乔治·华盛顿的画像前表示，他跟普京之间实际上没什么问题。确实。他宣称，他的人际关系没有那么糟糕，这么说只是为了再一次火上浇油。“我鼓励普京先生更多地畅想未来，而不是挂念过去。结果好坏各半吧。”他觉得他跟德米特里·梅德韦杰夫之间就没遇到过那些问题，而是取得了“很多进展”。“有时候，俄罗斯人只是回到了冷战思维。”他又挖苦地说了这么一句，然后才给出拒绝与会的真正原因：俄罗斯没有把爱德华·斯诺登引渡给美国，他很失望。

弗拉基米尔·普京理解了这场表演的本意：语言上的回敬和公开的羞辱。斯诺登事件损害了美国标志性的自我认识，他们认为自己在道德上是特别的。作为回应，俄罗斯总统只是让他的外交事务顾问尤里·乌沙科夫在莫斯科简短地解释说，美国显然并不准备“建立平等的伙伴关系”。

普京知道：没有俄罗斯，美国无法解决中东的冲突。美国宣称自己是世界大国，拥有强大的军事力量，因而要求获得特殊地位，这并不新鲜。但普京坚信，美国已经不再是世界的中心，因为在全球范围内，中国、印度、巴西等几个力量中心正在慢慢崛起。而在一个多极的世界里，各方都在拼尽全力。权力转移是什么感觉，他自己和俄罗斯都曾在灵魂深处经历过。这位实用主义者很是沉得住气，这也是因为，人和人在一生中总是会多次相遇的。下一次的会面将在四周后举行。

非友即敌

在接下来的日子里，比起与白宫的冲突，更能触动普京的是阿纳托利·拉赫林的死亡，这是他早年生活中的重要人物。他哀悼这位青年时代的导师。拉赫林曾是普京的柔道教练，训练了他十几年。“体育对我来说是很重要的，我受到了规训、激励和影响。你从中发展出一种感觉，知道在某种情况下什么是重要的，什么是不重要的。”普京讲述了这一时期的经验，“如果没有体育，我不知道我会变成什么样子。”五十多年来，他一直坚持运动，将其作为日常生活不可或缺的一部分，有时还会让人等他锻炼完再谈事情。第一次当选总统时，他让人去找阿纳托利·拉赫林来参加就职典礼。警察最终在一家旅馆里找到了他，开车把他送进了克里姆林宫。阿纳托利·拉赫林正要和一群年轻人去参加比赛。14年后的索契冬奥会上，体育迷弗拉基米尔·普京也实现了自己青少年时代的一个愿望。

教练的葬礼在圣彼得堡的教堂举行，参加葬礼的还有一些过去的陪练，他们都已经老去，普京跟其中的几位一直都是朋友。葬礼勾起了他对另一种更早的、很少公开的生活片段的回忆。他回忆起后院的世界和数不清的训练课，回忆起穿堂风吹过的体育馆中被汗水湿透的榻榻米垫，回忆起他和队友一起转战一场场比赛以及让一个少年树立起自信心的无数周末。他带着这种自信成为圣彼得堡的冠军。这些回忆距离后来的峰会、礼节性的表演以及政治上的尔虞我诈仿佛有几光年那么远。这是能够打动普京，使人窥见他感性一面的罕见时刻之一，这位政治家在其他时候都能够很好地控制感情。弗拉基米尔·普京在敞开的棺材前落泪了。葬礼结束时，他避开保镖，失落地走在空无一人的街道上，因为总统到访的安全方面原因，这些街道都被封锁了——看上去很无助的保镖跟在后面，还有一台电视摄像机远远地跟着他，捕捉到了这一刻的凄凉。这就像是一出心理剧中的场景。

圣彼得堡郊外斯特列利纳的康斯坦丁宫。这座宫殿及其宽阔的庭院坐落在芬兰湾的海岸上。俄罗斯政府用于公务接待的这处建筑群是18世纪的纪念性建筑，直到19世纪初才建成，它以第一位主人、皇室后裔康斯坦丁·帕夫洛维奇·罗曼诺夫的名字命名。9月初，在夏末一个天气温和的日子，载着重要国家各位领导人的豪华轿车每两分钟一辆驶至这里，这些全都是庄重的黑色轿车，顶着奔驰商标，司机们也都穿着深色西装。只有拐进宫殿的最后一辆车看上去与众不同。美国总统的专车被粗鲁地叫作“野兽”，它是为了这个场合从美国首都空运过来的，好让总统在陌生的环境中感到安全，它更像是四轮之上的堡垒，而不像通用汽车公司制造的豪车。配有防弹装甲的凯迪拉克“总统一号”上的装备，连詹姆斯·邦德的幻想也能满足。就连座位的分配也像电影里那样。总统坐在后排，保镖坐在副驾驶位。这天上午驾驶这辆车的是一位颇具魅力的金发女郎。

东道主弗拉基米尔·普京对贝拉克·奥巴马的迎接仪式，包括面对镜头的标准微笑，持续了不到半分钟，然后两位政治家就钻进了会议厅，其他国家的领导人已经在那里等着他们了。没有亲密的互相搀扶，没有其他政治家会面时那样的互拍肩膀。会议厅里的气氛一开始就很紧张。这两位对手坐得很近，中间只隔着澳大利亚外长和南非总统。弗拉基米尔·普京像往常一样面无表情地致了一般性的欢迎词并宣布了会议的议程。奥巴马抬起头来，带着一脸无聊的表情盯着天花板上的画和吊灯。这次峰会讨论的还是叙利亚的战争与和平。

这一次，奥巴马打算严肃对待这个问题，他在赶赴俄罗斯之前就已经宣布了这一点，那时又传来大马士革使用了化学武器的消息。这一次他做了更好的准备。白宫用了好几天在国内预热气氛，向全国重要媒体的记者精确传达了官方对那个叫作叙利亚的遥远国度里发生的事件的看法，为他们提供了机密的情况评估和政府文件，详细介绍了当地大屠杀事件的细节。

“评估异乎寻常地详细，”《华盛顿邮报》描述了这次特别关注，“但是没有照片、视频或者其他可靠的证据来支持这些说法。”尽管有人持怀疑态度，该报的头条文章还是谨慎地向读者预告了总统第二天——这是在8月底——将在镜头前说些什么。“叙利亚有1 400多人因化学武器袭击而死亡。”这家华盛顿最有影响力的报纸这样写道。《纽约时报》还同时刊登了白宫向记者提供的官方评估报告。这份报纸以评论的方式向总统推荐了目前情况下应采取的做法："轰炸叙利亚，即便这是违法的。"

贝拉克·奥巴马于24小时后在位于宾夕法尼亚大道的官邸的玫瑰园中向电视观众通报了情况：世界经历了21世纪最严重的化学武器灾难。"1 000多人遇难，数百名儿童和青少年被他们自己的政府用毒气杀死。"因此他决定对叙利亚采取军事打击。这位美国三军总司令承诺道："不会派出地面部队。"他保证说："如果我们采取这一方针，国家将会更加强大。"毕竟他是"世界上最古老的议会民主制政府的总统"。

这一次，奥巴马不想等待联合国武器核查人员的调查结果，也不想等待联合国安理会的正式许可。已经有四艘装载巡航导弹的美国驱逐舰抵达地中海，准备对巴沙尔·阿萨德实施军事打击。这些导弹已经展示过自己的实力。它们可以朝向目标飞行1 500多公里，在过去几年中已经派上过好几次用场——在阿富汗，在伊拉克，最近是在利比亚。五角大楼中，专家们制订了一份目标清单，只需总统点头许可。到此刻为止，一切都已准备就绪。为了从政治上进一步确保自己站得住脚，动身前往圣彼得堡之前，奥巴马在国内征求广泛的认同。他请求国会就这一行动进行投票，但他强调，作为总统，他本不需要这样做。这是一个冒险的建议，这一点很快就会显现出来。

美国政府的具体指控是：根据美国情报部门的信息，阿萨德的部队于8月21日夜间向大马士革郊区的几个地点发射了含有沙林毒气的火箭弹。联合国武器核查人员稍后会确认剧毒物质的使用。只是调查报告没有显示，是谁下达的命令。"这些火箭弹看起来很专业，”联合国部队的瑞典籍首席调查员奥克·塞尔斯特罗姆对英国广播公司说，“但是我们没有证据证明这是谁干的。”塞尔斯特罗姆也没有证实人权组织“人权观察”的论点，即这些火箭弹是从9英里外的一处阿萨德部队的营地发射的，因此责任问题也明确得到了澄清。“2英里应当是一个合理的猜测。”他说。联合国也召来了弹道专家。这次反人类攻击造成的死亡人数在300至1 500之间摇摆，取决于政治阵营。无可争议的是，有数百名受害者存在。

几天后在圣彼得堡的晚宴上，贝拉克·奥巴马向参加二十国峰会的政府首脑寻求对这次行动的国际支持。但很多人都犹豫了。不仅东道主弗拉基米尔·普京率先反对军事打击并要求美国人提供具体证据，其他国家领导人也对奥巴马持观望态度。他们认为，一方面阿萨德政权的军队很有可能敢冒天下之大不韪，另一方面也不能完全排除伊斯兰宗教激进主义者插手其中迫使西方进行干预的可能性。哪怕是观看威尔第的《茶花女》之后进行的单独谈话也没有取得什么进展。有些人想先等待武器核查人员的报告。而很愿意和奥巴马一起加入战争的英国首相卡梅伦却没有获许这么做。伦敦的议会在几天前已经断然拒绝了这次用兵。欧洲只有法国站在美国那边。甚至德国总理安格拉·默克尔也拒绝了军事介入。教宗方济各从罗马向峰会发来正式信函，呼吁寻求叙利亚问题的和平解决方案。他在公开信中说：“请你们找到解决冲突的办法，抛弃对军事解决方案的徒劳追求。”

贝拉克·奥巴马一筹莫展。亟待这位诺贝尔和平奖得主解决的并非一个道德问题。他在国内的政治投机被证明是个错误，从华盛顿传来了坏消息。他的人告诉他，之前宣告的军事打击并非理所应当。为了自身安全而捆绑国会的做法，现在成了搬起石头砸自己的脚。尽管国会议员们还在度暑假，但政府的初步调查结果显示，奥巴马的军事行动不会赢得多数票。以约翰·麦凯恩为首的共和党人不满足于已宣告的行动，他们要求范围更广的军事干预，以推翻阿萨德。政权更替，这才是强硬派的要求。一些民主党人不想在伊拉克的不幸之后再经历任何战争，也害怕会更深地陷入无法脱身的冲突之中。如果奥巴马不能获得国会的批准，剩下的任期内他在外交政策方面就不会有任何作为，而他要到2016年才卸任。圣彼得堡峰会将成为弗拉基米尔·普京的主场。

第二天在会议闭幕式之前不久，在康斯坦丁宫的会议室里普京走过去向贝拉克·奥巴马搭话。两个人搬了两把椅子，藏到大厅的一个角落里。在这里，普京向美国总统提出一项建议。为了走出目前的僵局，阿萨德应当把他的全部化学武器交给国际社会，并同意销毁它们。这个主意并不新鲜，普京在几个月前就曾提出，那时候华盛顿没几个人喜欢它。现在对于美国总统来说，这成了他的唯一选择，既能不再继续丢面子、摆脱尴尬处境，又能避免在国会中再次遭遇失败。贝拉克·奥巴马同意了。

三周后，2013年9月28日，联合国安理会在叙利亚发生暴力事件以来首次一致通过决议，要求大马士革交出并允许摧毁其化学武器。叙利亚同意合作。自那时起，专家们就制订出复杂的计划来追踪库存、确保安全运输。不出所料，对这一进展应当归功于谁，众说纷纭。白宫在事后宣称，如果不是美国以武力相威胁，就不可能达成这样一个解决方案。弗拉基米尔·普京则选择以另一种方式来享受这一阶段性胜利。他直接找上了美国人。

圣彼得堡峰会结束几天后，《纽约时报》发表了俄罗斯总统的一篇文章。在这篇题为《来自俄罗斯的克制呼声》的文章中，普京从根本上批评了美国的战略态度，即将军事打击作为以其他手段解决问题之政策的常规延续。他写道："在叙利亚发生的事情与其说是为了民主，不如说是不同宗教派别之间的武装冲突，而这场冲突是被人从外部推动的。"令人震惊的是，美国显然已经把通过军事干涉解决他国内部冲突视为理所当然之事。因此，美国在国境之外将失去其作为民主典范的声誉，将逐渐被视为这样一个国家："打着'非友即敌'的口号，诉诸纯粹的暴力"。他最后提醒美国人民注意，有一事一直使他感到不安：他发自本心不同意美国卓异主义的诉求，不同意那种美国和美国人因其历史而属于一个更高群体的传统呼声，即便奥巴马的前任们也曾经引证过这一点。"鼓励人们把自己看作一个特别的群体，是非常危险的。"他写道，"我们所有人都是不同的，但是当我们祈求神的福佑时，我们不应忘记，神平等地创造了所有人。"

白宫相当震惊，让他们感到吃惊的与其说是这篇文章的内容，不如说是普京用某种方式让这篇文章得以在《纽约时报》发表这件事情。不久之后，贝拉克·奥巴马在对联合国发表的讲话中直接回应了该文，好让普京的观点至少在其国民的眼中不是那么无可争议。

"我相信，美国是特别的。这也是因为我们愿意，不仅为了我们自己的利益，也为了所有人的利益奉献出我们的热血和能力。"

并不只有弗拉基米尔·普京一人持这种观点，即便对于其他国家来说，这种特殊形式的美国卓异主义的顽固思想也不怎么有吸引力。这首先是因为，美国借此要求享受特权，根据以下原则来界定所有人的利益：对美国有利的，也就是对世界其他国家有利的。

这些事情发生在我们的红色"燕子号"火车之旅之前三个月，

自那以后，问题并没有减少。普京在索契巡查的回程中指出："今年发生了不少事情，而且看起来以后也不会有什么改变。"在12月的这一天，对奥运设施的检查结果并未超出意料——只有乐观的包工头们继续保证一切都在掌控之中，还有电视新闻的画面显示总统正在有效地处理一切事务。很多事情都要到最后一分钟才能完成，而弗拉基米尔·普京坚信，它们肯定会完成。不会有灾难，最多有一些不可避免的、令人不快的意外。在回官邸的路上，工作人员向他通报了另一起完全不同的危机的最新状态：乌克兰的局势越来越糟。

"您能不能告诉我，"他在道别之前问我道，"德国外交部长想在独立广场上干什么呢？"

这是一句反诘。弗拉基米尔·普京并不期待得到答案，他急于投入到下一场会议中去。自从基辅爆发危机以来，国家安全委员会会见情报部门首脑们以及国防部长绍伊古的频率越来越高了。

第十九章　无奈与自由

围绕乌克兰的艰难博弈

在基辅的独立广场上，这天晚上有数千人聚集在一起向政府表达抗议，四周是燃烧着熊熊火焰的金属桶，人们用这些来抵御刺骨的严寒和内心的无奈。经过与欧盟多年无休止的谈判之后，亚努科维奇总统却决定推迟签署联系国协定，此后抗议的声势愈加高涨。代替与欧盟的协定，乌克兰政府建议欧盟、乌克兰和俄罗斯共同组建一个委员会，以解决有争议的贸易问题，而不是将其永久搁置起来。布鲁塞尔给基辅出了一道选择题，要么选欧盟，要么选俄罗斯。而弗拉基米尔·普京还在致力于说服乌克兰加入俄罗斯、白俄罗斯和哈萨克斯坦的关税同盟。对于乌克兰来说，俄罗斯迄今为止都是最重要的贸易伙伴。

作家安德烈·库尔科夫在他2013年11月21日，即拒绝签署联系国协定那天的《乌克兰日记》中写道："号召到独立广场去，敦促签署协定。号召带上保暖的东西，睡袋、装热茶的保温瓶、食物，鏖战通宵。”他的住处离独立广场500米远。冲突将持续数周并逐步升级。

这种愤怒针对的是“上面的人”，针对的是自己遭受的苦难、贫穷，针对的是因政府拒绝签署协定而带来的失业和腐败，针对的是政府刚刚对欧盟说出的拒绝，虽然真的签署了联系国协定也不会改变乌克兰距离加入欧盟还有好几光年的距离这个事实。欧洲，在独立广场上，它是一个繁荣与秩序的梦，一个在艰难的日常生活和与之相关的贫穷困苦之外拥有一个不同愿景的希望。那些旧的政治账单早就应该兑付了。乌克兰濒临国家破产。但是，让这么多人在圣诞节之前聚集到独立广场上表达态度的不仅仅是对一个更好将来的希望，还有对几天前警方强硬干预的直接抗议。

自从发生过几次冲突之后，独立广场就由“革命岗哨”负责守护。一个组织严密的团体确保每天有越来越多的抗议者乘坐大巴车从外省到达基辅，这要归功于精密的物流系统。抗议者主要来自乌克兰西部，小部分来自乌克兰东部，例如顿涅茨克、哈尔科夫或克里米亚。

附近的工会大楼和市政厅被当作了总部，设有大型厨房和住宿的地方。抵抗带有半军事性质，用上了军用帐篷，一顶帐篷上标着“志愿者招募处”的字样，一个利沃夫来的名叫安德烈·帕鲁比的人充作司令官。这名政治家从未掩饰过他的极右信念。退伍士兵组成了“自卫队”，分成“警察”和“军队”两个单位，一个负责维持广场上的秩序，另一个则与隶属于乌克兰内务部的“别尔库特”特种部队搏斗。一个“民族抵抗指挥部”协调哪些政府建筑需要封锁，哪些不要。政治领导人包括三名反对派领袖维塔利·克利钦科、阿尔谢尼·亚采纽克和奥列格·加尼伯克，最后一位是民族主义政党全乌克兰自由联盟的领导人。

关于应当如何看待乌克兰与欧盟的联系国协定的争吵一直很激烈。德国和欧盟不仅向这个曾经的苏联加盟共和国提供了对西方人权的选择权，还极力维护美国的地缘政策。兹比格涅夫·布热津斯基半个多世纪之前在他被广为引用的名作《大棋局：美国的首要地位及其地缘战略》中就已经清楚地说明了美国地缘政治的目标，以致所有2015年甚嚣尘上的阴谋论，听起来都相当荒谬。“美国对欧洲的长期地缘战略不能在欧洲一体化和同欧洲结成真正伙伴关系的问题上含糊其辞。”布热津斯基就苏联解体后的美国外交政策忠告道，“乌克兰是欧亚棋盘上一个新的重要地带。它作为一个独立国家存在有助于改变俄罗斯，因此它是个地缘政治支轴国家。没有乌克兰，俄罗斯就不再是一个欧亚帝国。”

这位当年的白宫顾问很清楚这件事情的合理后果：“因为欧盟和北约要向东扩张，乌克兰最终将面临选择，是否要加入这两个组织之一。”在读过这几行之后，还可以提出这个问题：德国总理府是没有这样的专业文献还是把它当成科幻小说来看，还是说政治界已经考虑到了对抗的代价并希望情况不要变得那么糟糕？

为了让欧盟向东扩张，布鲁塞尔方面在2009年5月7日的布拉格峰会上以良好的意愿提出了“东部伙伴关系”方案，这个名字听起来就很有诚意。欧盟希望在自由、民主、稳定——以及繁荣——方面帮助前苏联加盟共和国如摩尔多瓦、白俄罗斯、阿塞拜疆、格鲁吉亚和乌克兰等，并且不排除日后让它们加入欧盟的可能性。不过前提是，这些备选国家知道如何行事，并遵从布鲁塞尔方面的严格指示。这是报价的一部分。

而对地缘政治的另一个部分，《明镜周刊》写道：“虽然说得不那么直白，但这也关系到限制俄罗斯的影响力——并且关系到欧洲能向东方延伸多远。对于俄罗斯来说，乌克兰不仅在其地缘政治中处于重中之重的地位，而且在一千年前，这一地区是俄罗斯帝国的核心。乌克兰的意思是‘边疆’，其首都基辅在许多人心目中是俄罗斯所有城市之母。”

在这一点上，俄罗斯与乌克兰的分歧由来已久。早在2008年9月9日，俄罗斯与格鲁吉亚的战争爆发四周之后，欧盟就在巴黎与乌克兰达成了自由贸易协定。联合公报说，他们“对格鲁吉亚局势表示深切关注”。在高加索地区爆发军事冲突之后，布鲁塞尔一方面努力将乌克兰拉向自己，另一方面不希望乌克兰加入欧盟。双方现在达成一致，通过“联系国协定”加强合作。当时的欧洲理事会轮值主席、法国总统萨科齐称:“我们在谈到乌克兰时第一次使用了这个词。”

弗拉基米尔·普京有他自己的计划。俄罗斯用来与“东部伙伴关系”展开竞争的策略名为“关税同盟”。2007年10月，在塔吉克斯坦首都杜尚别，莫斯科方面与白俄罗斯总统、哈萨克斯坦总统就共同的关税区域达成一致。自那时以后，在欧盟采取行动时，普京一直与乌克兰谈判，希望其作为“关键经济伙伴”加入关税同盟。大约有300万乌克兰人在俄罗斯工作。乌克兰共有4 600万人口，在前社会主义国家中，它是地缘政治的权力博弈中最重要的国家。关税同盟指的是一个自由贸易区，对外实行共同的关税边界，内部确保资本与劳动的自由流通。亚美尼亚、乌兹别克斯坦和塔吉克斯坦对此也表现出了兴趣。普京想要建立一个欧亚经济区，可以与欧盟平起平坐，为这个庞大的市场创造条件。

弗拉基米尔·普京的政治目标是，建立一个从符拉迪沃斯托克直到里斯本的经济区。2009年11月底，他在柏林的阿德隆酒店对德国的高级管理人员解释了他关于自由贸易区以及与欧盟制定共同工业政策的想法，这些想法在一天前已经作为一篇文章发表在了《南德意志报》上。没有关税的自由贸易区、共同的工业政策和签证自由是他向欧盟提出的建议。他指出，双方都可以从中获益，当然包括俄罗斯在内。“事实是，苏联解体后，俄罗斯失去了直接进入其最大的出口市场的机会。过渡国家存在问题，它们急于从其垄断地位中获得单方面利益。这是已知争端的根源。”随后他再次强调了他的思想的中心：“至关重要的是，我们学会，不是在语言上，而是在行动上，考虑到共同的战略利益。”

即使在多年以后，普京对这个建议依然深信不疑。2013年底，我们在索契会面时他解释了他的战略考虑的理由：“与欧洲建立友好关系，在战略上对我们来说并不坏。我们有矿产资源，欧洲有技术。从长远来看，双方都受益。”

他的目标仍然是，与欧盟和乌克兰制定一项联合协议，从长远来看，它将改变俄罗斯、白俄罗斯等国以及乌克兰不同的技术标准，使其能与西方国家兼容并且具有竞争力。对他来说，实现机会平等、引进更多投资、促进经济增长是一个时间问题——也是对西方扩张的反应。因此，他多年来也一直致力于加入世界贸易组织，该组织以其具有约束力的规则为国际社会规定了什么可行，什么不可行。经过18年的艰苦谈判，俄罗斯终于克服了障碍，在2012年成为世界贸易组织成员国。

欧盟未经认真考虑就拒绝了俄罗斯的建议，这种愚昧的态度惹恼了普京。“这些年来，他们只告诉我们一件事：乌克兰的事跟你们无关。我们不会干涉你们跟中国的关系，你们也别来干涉我们跟加拿大的关系。”普京认为，乌克兰在经济上与俄罗斯分道扬镳是对俄罗斯的直接政治攻击。技术官僚的看法和布鲁塞尔领导人的态度，即认为俄罗斯与乌克兰的关系已经不再重要，被他看作针对其国家的有目的的战略。不考虑这种严重干预对于政治邻里的重大后果，只是从官僚层面去执行，这种想法让作为政治家的普京感到震惊。“不难看出，我们与乌克兰的关系同布鲁塞尔与加拿大的关系是截然不同的，真的不难看出。”他简短地评论说。在德国总理府，专家们很久以来一直都感到困惑，为什么“普京越来越疏远”，“安格拉对他越来越没有影响力”。

2013年，维克托·亚努科维奇还是乌克兰总统，他为乌克兰收到的加入欧洲的邀请分了类。他同时与布鲁塞尔、莫斯科谈判，计算他能期待什么，不能指望什么。布鲁塞尔方面含糊地说到了这关键一年中的“机会窗口”，说到了“路线图”和一个“独特的时刻”。这些矫饰的词语跟谈判的结果形成了鲜明的对比。乌克兰濒临破产。来自布鲁塞尔的报价很清楚，只要乌克兰签字，欧盟就能提供6亿的援助。乌克兰在未来几个月要偿还的贷款达150亿欧元，其外汇储备缩水了一半。国际货币基金组织可以提供几十亿贷款，不过是在更为严格的条件之下：取消补贴，提高税率，本国货币贬值。天然气价格上涨40%只是诸多条件之一。对于亚努科维奇来说，接受这种条件无异于政治自杀。他知道，如果这样做，在一年多之后的大选中，他会失去所有连任可能。

12个月之前，在情况看起来还没有这么糟的时候，乌克兰总统就已经准备好要签署联系国协定。但当时，即2012年，欧盟突然以人权的名义增加了一个附加条件。亚努科维奇应当首先释放乌克兰前总理尤利娅·季莫申科。总统的这名死对头此前因挪用国家资金被判处七年监禁。欧盟接受了这名反对派政治家的说法，即这次审判完全是出于政治动机。安格拉·默克尔也给亚努科维奇打了电话，要求他释放季莫申科。“我会帮助您的，”精于政治计算的德国总理说，“但是您必须释放尤利娅·季莫申科。”

反对派的偶像季莫申科曾经在乌克兰总统大选中失利，如今成为一根政治杠杆。欧盟委员会以及德国总统约阿希姆·高克成为狱中这位饱受争议的政治家在道德战线上的急先锋，拒绝参加当年在乌克兰和波兰举办的欧洲杯足球赛。德国政府也考虑是否应当全面抵制这次杯赛。这个想法让德国宪法法院前院长汉斯-于尔根·帕皮尔公开表达了愤怒，他认为这是“荒谬无稽”和“哗众取宠”的。如果德国政府对判决有疑议，德国可以“在欧洲法院起诉”乌克兰。但这个办法被认为“不会引起媒体的重视”。

季莫申科发表公告，通报了她在乌克兰东部的卡恰诺夫卡女子监狱的情况，这加强了柏林所发声明的政治音调。媒体关注的是，这名反对派政治家坚持作为自费医疗的政治犯在拘禁期间只接受外国医生提供的针对椎间盘突出症的治疗，德国总理府为此组织了一个专家团队，由柏林夏里特医院的首席医生带队前往这座位于哈尔科夫的监狱。德国医生确认了诊断。柏林方面再度以人权的名义要求允许季莫申科在德国进行治疗。

对尤利娅·季莫申科医疗状况的特殊干预是德国外交史上的孤例。众所周知，乌克兰司法称不上公正。然而，德国的外交政策能够毫不困难地为乌克兰精英阶层的内部权力斗争所利用，实在是不太常见。德国在另一个国家的内政上公然站队，以这种态度将2010年在大选中战胜季莫申科的乌克兰现任总统排斥为政治敌人，并把愤怒当成了替代政策。

昔日的荣光

2012年夏天的欧洲杯足球赛结束后，刺耳的音调只在一些细微的方面有所缓和。布鲁塞尔方面现在宁愿说这是“选择性执法”，而不愿再提这是出于政治动机的监禁，即一种胜利者的正义。这名反对派政治家被指控犯下的这类罪行，说到底还有许多人也犯过，他们根本没有被带上法庭，更不用说被判处长年监禁了。因此季莫申科还是应当获释。然而对于乌克兰政府来说，这一要求依然是政治上的最后通牒，如果没有放弃自我，它就不可能同意这个要求。

将尤利娅・季莫申科作为乌克兰法治标尺，即便是以西方的标准看，也是相当幼稚的冒失行为。她那正直斗士的名声是2004年“橙色革命”时代的遗物，那时乌克兰第一次爆发大规模抗议活动。那时便有许多人梦想着更多的民主和法治，他们为了结束权力精英的腐败统治而示威。成千上万的人戴着橙色的围巾、帽子，举着橙色的旗帜在独立广场冬日的寒风中抗议选举舞弊。他们的英雄叫维克托・尤先科和尤利娅・季莫申科，相对来说都是政治上的新人。他们成功地制造了一场政治地震。根据乌克兰最高法院做出的决定，不久前的总统大选因违规必须重新举行。

这是乌克兰的经典对决。维克托・尤先科来自乌克兰西部，也心向西方。他的对手是维克托・亚努科维奇，他来自说俄语的乌克兰东部，是老体制的代表，将沿袭即将卸任的总统列昂尼德・库奇马的政策。两名候选人总共获得了96%的选票，这个数字非常可疑。在重新举行的投票中，尤先科获胜。他将成为总统，而尤利娅・季莫申科将成为他的总理。该国最大的巧克力制造商、寡头彼得·波罗申科，在动乱中和他的电视台“第五频道”一起站在了胜利者的一边，并尽力支持新的二人组。他将在革命之后短暂地出任乌克兰国家安全与国防事务委员会秘书长。

与之前的格鲁吉亚一样，基辅的权力交替是以一个众所周知的模式进行的：民众的不满，在西方非政府组织的支持下被引导成为政治行动。为总统大选而发起和壮大的强大的抗议运动，有一个粗鄙的名字“是时候了！”。《明镜周刊》在2005年底报道说，其资助者跟资助格鲁吉亚政变的是同一批。“自2002年以来，仅美国国务院就拿出了6 500万美元的美国纳税人的钱资助乌克兰选举。”在美国国会中，共和党众议员罗恩·保罗批评说，美国政府给乌克兰的总统候选人尤先科花了数百万美元。

甚至连《法兰克福汇报》也指出，“没有人否认，外国的援助对于‘橙色革命’取得成功至关重要”，还特意列出了长长的美国资助人名单。“在乌克兰活跃的许多组织，从美国政府下属的美国国际开发署，到民主党的国家民主研究所、共和党的国际共和研究所、国家民主基金会、欧亚基金会、‘自由之家’，全都直接或间接地接受以美国纳税人的钱提供的资助，部分来自白宫，部分来自国会。”该报同样刊出了直接行动者的名字。其中有前中央情报局局长、“自由之家”董事会主席詹姆斯·伍尔西，前北约盟军最高司令韦斯利·克拉克，以及前国务卿马德琳·奥尔布赖特，当然还有亿万富翁乔治·索罗斯和他的基金会。

仅仅对于乌克兰来说，领导层的更迭不是巨大的成功。在欧洲的贫民窟里，新团队长年的权力斗争使得进一步的发展陷于停滞。除了公开宣布将乌克兰接纳入欧盟和北约的意图之外，几乎没有什么变化。本来充满希望的季莫申科–尤先科二人组合在接下来几年里因内耗不断而绝望地分裂。曾经的合作伙伴互相指责对方贪污。自由、民主与公正，曾有数十万人为之在街头奋战几周之久，如今却已不再成为话题。革命忘记了它的孩子。原先的失败者维克托·亚努科维奇在2010年卷土重来，他战胜了尤利娅·季莫申科。这次是合规的，欧安组织的观察员确认道，尽管失败的候选人徒劳地否认这一结果。

"尤利娅·季莫申科既不是自由的象征，也不是政治正义的标志，[而是]恰恰相反。"君特·费尔霍伊根在2013年12月批评德国政府意图在政治上创造既成事实的道德主张。这位长期负责企业和工业事务的欧盟专员通过跟乌克兰总理打交道累积了自己独特的经验。在他看来，这位将金色发辫盘成王冠的女政治家已经使"橙色革命"提出的希望化为了泡影。他的判断再清楚不过了："在季莫申科女士掌管乌克兰之后，腐败与管理混乱的情况比以前更甚。"

弗拉基米尔·普京也没有忘记乌克兰的发展。他深思熟虑，多次会见亚努科维奇，也现身于布鲁塞尔并施加压力。"我们当然做出了反应。乌克兰最终成为俄罗斯自由贸易区的成员，享受税收优惠。因此我们决定，取消与乌克兰的特殊贸易规定。为了加入世界贸易组织，我们奋斗了17年。现在我们成了世贸组织成员，而乌克兰要被从联盟中除名了。"

2013年2月，欧盟委员会主席若泽·曼努埃尔·巴罗佐毫不妥协地宣布："一个国家不能既是一个关税同盟的成员，又是欧盟广泛的自由贸易区的一员。"近年来，俄罗斯总统与巴罗佐已经多次针锋相对。在普京看来，这位葡萄牙前总理还活在冷战时期，他不会错过任何一个让欧盟对抗俄罗斯的机会。

在一份机密报告中，美国驻莫斯科使馆于2009年2月26日向美国国务院报告，几天前在莫斯科就“东部伙伴关系”计划举行的会议上，双方因欧盟扩张问题发生了冲突。普京“认为欧盟专员是新成员国的特洛伊木马……普京尖锐地指出，‘某些机构不应阻碍欧盟与俄罗斯之间关系朝好的方向发展’，这被认为是对巴罗佐的打击”。普京和巴罗佐的会面变成了“私人恩怨”。若泽·曼努埃尔·巴罗佐毫不掩饰他的唐突本性。“我曾多次与普京交谈。他指出，关税同盟对俄罗斯有多么重要，乌克兰的角色有多么特殊。但是我们难道要放弃［联系国协定］吗？”在巴罗佐看来，这种想法是荒谬的。对他来说，在这种情况下只能你死我活。对抗日益升级。

广受欢迎的日报《莫斯科共青团员报》的一名评论员在2013年11月写道，乌克兰面临在俄罗斯和欧洲之间二选一，这就像是在问:“亲爱的，请现场做决定：你想失去哪只手？左手还是右手？”乌克兰既不能只与俄罗斯发生联系，也不能只跟欧盟打交道。在同一个月里，弗拉基米尔·普京也给了乌克兰总统一个提议。“那时我们承诺向乌克兰提供150亿美元用于财政支出，外加50亿美元用于基础设施建设。我们还将能源价格降低了三分之一，条件是他们继续支付运营成本，偿还他们的债务。但事情没有成功。某人想要证明，他才是房子的主人。”

在欧盟提出条件时，普京提供了财政支持。在前欧盟专员君特·费尔霍伊根看来，这是正常现象，是政治生意中的讨价还价。在上文引用过的2013年12月的采访中，普京用简单的问题反驳了记者提出的俄罗斯是要用财政接济和降低天然气价格绑架乌克兰的质疑:“如果我们帮助别人，可能给的比150亿还要多。您也要说，我们是在把那个国家拖入经济束缚之中吗？”

拒绝和征召

亚努科维奇决定接受普京的提议，填满空空如也的国库。在一次内阁会议之后，乌克兰政府决定，出于“国家安全的原因”，搁置联系国协定的签署。乌克兰应当修复与俄罗斯的经济关系，并为与欧盟建立平等关系准备好国内市场。此外，国际货币基金组织对提供新资金开出的附加条件是羞辱性的。他几天后在前立陶宛大公的宫殿里对聚集在一起的欧洲政界精英们说道：“……如果能在正常的条件下谈判，我们可以谈谈签字的问题。”这次讲话也显现出了过去几周中他经历的失望。

弗拉基米尔·普京在2013年11月28日访问罗马并会见教皇。在那里，针对在立陶宛首都维尔纽斯举行的欧盟“东部伙伴关系”峰会，他提出了再度考虑三方会谈的紧急建议。乌克兰总统亚努科维奇早就提出过三方会谈的要求。此时普京忍不住嘲讽道：“我要请求我们在布鲁塞尔的朋友们——我私人的朋友们，欧盟委员会里的好人——克制自己不要发表尖锐的言论。”乌克兰欠俄罗斯企业大概300亿美元的债务。俄罗斯愿意合作，“但不能让自己吃亏”。俄罗斯总统又不是受虐狂。

2013年11月底在维尔纽斯大张旗鼓地举行的为期两天的欧盟峰会上，欧盟28个成员国的国家元首和政府首脑向各前苏联加盟共和国乌克兰、白俄罗斯、亚美尼亚、阿塞拜疆、格鲁吉亚和摩尔多瓦正式——签字盖章的——提出了“东部伙伴关系”计划。这个旗舰项目失败了。在如今作为立陶宛新的爱国主义纪念碑而重建的大公宫殿中，在乌克兰的态度发生180度大转弯之后，六个国家中只有两个——格鲁吉亚和摩尔多瓦共和国——签署了意在跟欧盟建立更紧密联系的联系国协定。

“当然，我们在这里没有实现我们想要与乌克兰达成的目标。”德国总理安格拉·默克尔在立陶宛首都以惯常的冷静总结了这个结果。随后，作为一种政治修辞手法，她平淡地重述了过去几个月的状态。没什么新鲜的，都是几周前就广为人知的东西。“[乌克兰]总统再次对我说，50%的出口流向俄罗斯或关税同盟国家，45%流向欧盟，也就是说跟双方都有联系。而对于我们欧盟来说，任务就是更坚定地与俄罗斯对话，如果我们想摆脱这种二选一——要么选俄罗斯，要么选欧盟——我想，德国也有要完成的任务。”

经过多年谈判之后，将乌克兰与欧洲捆绑在一起的企图失败了。在布鲁塞尔和柏林，“人们一直不愿承认俄罗斯将北约和欧盟东扩视为威胁”，《明镜周刊》在“失败的峰会”后分析说。“这场危机中缺乏的是远见卓识，是敢于承认即将到来的冲突的能力。相反，柏林的立场是，不应该发生的事情就不可能发生。”这一辛辣的评价不仅仅是对安格拉·默克尔的迟来的批评，也是一种自我批评。这份新闻杂志多年来一直支持德国总理的方针，主张对乌克兰和亚努科维奇采取强硬态度。

尽管如此，德国政府仍坚持要求尽早释放被监禁的乌克兰前总理尤利娅·季莫申科。德国总理始终坚持说，乌克兰总统维克托·亚努科维奇仍然有机会在短期内赦免某个人。

一周后，基辅独立广场迎来了一位特殊的客人：基多·威斯特威勒。这位德国外交部长正在做的事情，是外交部长们通常不会做的。在立陶宛灾难过后，他先去见了要求推翻乌克兰总统的反对派，之后才去会见乌克兰政府。威斯特威勒声援了抗议者，说他——在某种程度上代表欧洲——来到乌克兰不是为了“支持哪个党派”，而是为了“维护欧洲的价值观”，可以说，他是中立的，在基辅是“欧洲人会见欧洲人”。此外，他不会强求“我们彼此观感如何”。这是这位部长最后的官方行动之一。在同一个月里，由于基督教民主联盟和社会民主党组成新的联合政府，他的前任弗兰克-瓦尔特·施泰因迈尔又成了他的继任者。

作为外交部长，威斯特威勒喜欢紧跟革命的脚步。在“阿拉伯之春”期间，他去了突尼斯和埃及，站在开罗人潮汹涌的塔希尔广场上，作为外国客人接受欢呼，说出“这是非常感人的时刻”和“这将作为世界史的一部分被记录下来”之类的句子。现在他又来到了基辅的独立广场，虽然迟到了，但毕竟还是来了。他跟人握手，为台上正在为团结音乐会演出的摇滚乐手鼓掌，享受人群的簇拥，这是他在家乡从未得到过的。威斯特威勒显然被感动了。

这天晚上，德国外交部长与抗议运动的新英雄、拳击手维塔利·克利钦科一起在广场上漫步。这位前世界冠军和他开在德国的拳馆多年来一直主宰着国际赛场，无数次在拳击场上赢得胜利。他在基辅也并非默默无闻，几年前他就曾尝试成为市长，但失败了。现在，克利钦科在谋求总统的宝座，他跟极右翼党派“自由”的领导人奥列格·加尼伯克以及尤利娅·季莫申科的门徒、祖国党领导人阿尔谢尼·亚采纽克一起组成同盟，力求推翻总统亚努科维奇。

维塔利·克利钦科代表的是德国政府。安格拉·默克尔支持这位拳击传奇，想要把他打造成反对派领袖，还与他合影。默克尔的外交政策顾问克里斯托弗·霍伊斯根和基多·威斯特威勒承诺给他资助，康拉德·阿登纳基金会则接过了资金托管的任务。然而，克利钦科与他的同盟在议会中发起的对政府的不信任动议很明显失败了。

德国外交部长不是唯一造访独立广场的西方政治家。美国参议员约翰·麦凯恩也来到这里向示威者们布道，让他们继续努力。“乌克兰会让欧洲变得更好，而欧洲也会让乌克兰变得更好。”他在电视上说，乌克兰对普京来说当然很重要，因为没有乌克兰的俄罗斯就只是一个东方强国，但有了乌克兰它也能在西方称霸，而这是要被阻止的。这话亨利·基辛格曾经说过，如果他没记错的话。事实上，这并非基辛格的话，而是美国的地缘政治专家布热津斯基所说，他敦促因此而进一步削弱俄罗斯。“关键的，而我们也不应忘记的一点是：没有乌克兰，俄罗斯就不属于欧洲；相反，没有俄罗斯，乌克兰仍然是欧洲的一部分。”

对于这在战略上意味着什么，外交一把手毫不怀疑：“这要求美国发挥更重要的作用，尤其是对德国人发挥积极、集中、果断的影响，以确保欧洲扩张，并处理——尤其是关于俄罗斯的——那些棘手问题，比如波罗的海国家和乌克兰在欧洲国家联盟内的可能地位。”

威斯特威勒的一位同行、美国国务院负责处理欧洲事务的维多利亚·纽兰这些日子也在基辅，并准备前往独立广场。对默克尔和欧盟把赌注押在了维塔利·克利钦科身上这件事情，维多利亚·纽兰并不怎么感兴趣。“我不认为克利钦[科]应该进入政府。”她在与美国驻基辅大使的一通秘密电话中这么说，并讨论了如何超越欧洲人指定的候选人的进一步策略。美国人支持的是阿尔谢尼·亚采纽克，一个头脑灵活的技术官僚，他虽然很年轻，但已展现出卓越的职业才能。“去他的欧盟。”粗鲁的女外交官在电话中说，这通电话的录音后来流传到了互联网上。“我相信亚采[纽克]是有经济经验，有政治经验的。”纽兰没有否认电话的内容。

美国对乌克兰的兴趣太大了，无法做到把这个国家的命运完全交给欧盟而自己袖手旁观。阿尔谢尼·亚采纽克是个年轻人，充满了西方的改革热情，富有政治经验。在前总统尤先科统治时，他已经做过经济部长和外交部长，并很早就致力于让乌克兰加入北约。早在2007年，他就创建了开放乌克兰基金会。这个基金会的网站上写着，美国国务院以及北约信息和文件中心是其合作伙伴。

在访问欧洲之前，维多利亚·纽兰就在华盛顿强调，美国多年来一直密切关注乌克兰并付出极大努力，她也明白无误地强调了美国的领导要求："自1991年乌克兰独立以来，美国一直支持乌克兰人发展民主的技能和机构。我们支持公民的参与和良好的政府领导。所有这些都是乌克兰能够实现其欧洲梦的先决条件。为了这个以及其他目标，我们已经投入了超过50亿美元，以确保乌克兰的安全、繁荣和民主。"她决定帮助乌克兰实现这一目标，这些日子在基辅她已经让她的对话伙伴对此深信不疑。无论这个国家现在是不是想要如此。

安德烈·库尔科夫在他的日记中描述了在接下来的几周内日益紧张的局势："昨天晚上，我和其他几百人一起，静静地从独立广场走到欧洲广场。格鲁舍夫斯基大街从这里通向部长会议大楼和议会，如今这条街已经被抗议者和民间武装以及内政部的特种部队设置的路障封锁起来了。几天前，政府的防线还有横卧的公共汽车和卡车保护。抗议者焚烧了这些车辆，昨天晚上它们不见了。不过，周围房屋的每一扇大门都被军用车辆堵住了。"

第二十章　协议与信任

基辅政变与普京对克里米亚问题的答复

2014年2月19日，德国和俄罗斯各家各户的电视里闪烁着相同的画面。基辅独立广场和邻近街道上遍布燃烧的路障和暴戾的警察，富有战斗经验的示威者戴着头盔和面罩，他们向逐渐推进的警察投掷燃烧弹。装甲车和高压水枪，即将爆炸的催泪瓦斯弹和受伤的人，有些穿着制服，有些没穿。枪声刺耳，战斗一直持续到第二天。

然而，对于这起事件，现场记者与演播室里的主持人对着麦克风说出的评论，在东西方却截然不同。俄罗斯记者将这些冲突解释为右翼极端分子企图推翻政府和民选总统亚努科维奇的暴力尝试。德国媒体则将这场战斗看作民主的乌克兰人推翻极权体制的起义。如果必要，就不得不以暴力的方式进行。每场革命终究都会发展出自己的动力。

德国《每日新闻》报道称，这场交锋的直接原因是反政府者在前一天企图靠近议会大楼。这次行进演变成一场流血冲突，截至凌晨，11名示威者与7名警察死亡。政府的清场行动导致冲突进一步升级。死亡人数继续增加。

当天上午在巴黎爱丽舍宫进行磋商的弗朗索瓦·奥朗德与安格拉·默克尔试图斡旋，并致电弗拉基米尔·普京。他们的建议是：德国和法国的外交部长应当与波兰和俄罗斯的外交部长一起前往基辅，在反对派和亚努科维奇之间进行调停。

普京在犹豫。根据过去几个小时的消息，他几乎没有机会进行调停。我后来采访他，问到当天的局势时，他确认这个倡议是默克尔和奥朗德发起的。“他们请求我，也把外交部长拉夫罗夫派过去。我对此持怀疑态度，我不希望我们的外交部长签署一份不会得到实施的文件。”他对他的保留态度如此解释道。他认为，基辅的政变不是自发的反抗，而是有计划的行动。最终他同意，俄罗斯也参与其中。他没有派遣外交部长，而是——为了不留遗憾——派去了一名他信任的特使。

弗拉基米尔·彼得洛维奇·卢金，生于1937年，1990年代初曾任俄罗斯驻华盛顿大使，随后在国家杜马担任自由派反对党“亚博卢”的议员，直到2004年被普京任命为联邦人权专员。此外，他跟乌克兰也有良好的关系。他在莫斯科的办公室里与我见面时，还能仔细地回忆起他干预危机的情况。

当普京在2月20日下午问他能否动身前往基辅时，卢金同意了，他打起行装，前往克里姆林宫，听取确切的指示。“我的任务是，与各国外交部长和反对派一起，从爆炸性局面中找到一个可以接受的办法，而“可以接受”的意思是一个可行的、合法的解决方案。毕竟亚努科维奇是通过自由选举上台的。”他概述了总统交代给他的任务。普京问他：“您还需要什么？”他刚刚和默克尔又通了一次电话。卢金请求进一步的援助：一名外交部的高级官员和一名国家安全委员会的成员。他希望在他主持谈判时能够迅速获得有关形势发展状况的信息。

基辅骚乱的日子也是索契冬奥会的最后几天。弗拉基米尔·普京原本对这几周有其他安排。他没能为自己国家的冰球队加油，也没能庆祝俄罗斯队赢得冬季两项比赛，他在莫斯科身陷国家安全委员会无休止的会议中，还要就危机问题与默克尔、奥朗德、亚努科维奇和奥巴马进行电话交流。不过俄罗斯冰球队这几天也不好过。被俄罗斯认为夺金十拿九稳的这支热门队伍在四分之一决赛中输给了芬兰，因此在家门口被淘汰出局。

普京的人抵达基辅总统府的谈判大厅时，时间早已过了午夜，乌克兰内政部下属的“别尔库特”特种部队封锁了这里。桌子的一端坐着总统亚努科维奇和两名助手，旁边是德国外交部长弗兰克-瓦尔特·施泰因迈尔、波兰外交部长拉多斯瓦夫·西科尔斯基，还有反对派代表阿尔谢尼·亚采纽克、维塔利·克利钦科以及极右派自由党的领导人奥列格·加尼伯克。法国外交部长洛朗·法比尤斯由于在中国的紧急日程缺席了这一轮的讨论。两党为政府和反对派之间达成妥协而起草的条约草案中除其他规定外，还要求亚努科维奇提前辞职——他的总统任期原本应该到2015年3月结束——并最迟在12月举行新的总统大选。在接下来的几天里，应成立一个过渡政府，恢复2004年的旧宪法，这将使议会的权力大大增加。

谈判胶着在反对派应尽的义务上。作为回报，示威者应当拆除独立广场上的路障，腾出广场。阿尔谢尼·亚采纽克拒绝在条约中加入关于独立广场的条款。他不想让这个代表几个月以来斗争的名词与“拆除”这样的字眼联系起来。卢金回忆说，亚采纽克在那天晚上是按照老式的苏联原则进行谈判的：“我的就是我的，我们来谈谈什么是你的。”最终，谈判在一个感情色彩不那么强烈的词上取得了一致。“我随后建议用‘ploschtschad’代替‘独立广场’，这是一个表示广场的中性词。意思反正是一样的。”卢金讲述了语义上的解决方案。

清晨5点，谈判代表们互相道别，再去把好消息传递给自己人。中午时分，他们还将再见面签署文件。卢金请求莫斯科下达指示。他的建议是在此时签字。普京回忆说：“他给我打了电话，建议我同意。现在拿出来的协议是唯一的选择。在他看来，没有其他办法可以解决这个问题，即使有也不能保证实现和平。”

反对派领导人在基辅酒店将谈判结果交给了独立广场委员会，他们的第一反应是拒绝。在经过激烈讨论之后，会议才同意了这个结果。在议会中，议员们要将这些建议改写成法律草案。同时，弗拉基米尔·普京又与维克托·亚努科维奇通了电话。默克尔和奥朗德请求他阻止乌克兰总统在爆炸性的局势下调动军队镇压示威者。普京回忆道：“我们那天进行了多次对话。我也跟他谈了这个问题。他的回答是：虽然有部分反对派是武装起来的，但他不会动用军队。当他最终同意提前举行大选时，我意识到，他实际上已经放弃了权力。他或许曾认为自己还能够保留权力。但那已经是过去了。现在只是要进行定期的交接，以避免混乱。”

2月21日周五上午陆续汇集到莫斯科的消息里可没什么好兆头。形势越发失去控制。清晨又有数十人死亡。数百人伤势严重。推特和其他网站上流传着可怕的图片。来历不明的狙击手对着人群开火。他们不是为了阻止敌人而开枪的。他们开枪，只是为了杀人。被杀的不仅仅是示威者，还有行动中的警察。形势正在恶化。在乌克兰西部的一次对军营的突袭中，反对派夺取了数百挺机枪。乌克兰内政部长告诉西方国家的大使说，这些武器应当是在运往首都的途中被夺的，经询问，广场司令安德烈·帕鲁比向外交官们证实了这条消息。

在克里姆林宫，安全局负责人和国家安全委员会的军事专家们对各机构的报告进行了评估，并向总统做了汇报。最迟到现在为止，普京认为，基辅的局势将导致政权变更。他曾担心和约只会是一纸空文，现在这种担心成了确信。特使弗拉基米尔·彼得洛维奇·卢金接到指示，不要签署这份文件。根据事态的发展，他已无法保证什么，因此他想避免为此承担责任。“外交部长拉夫罗夫在不到11点的时候给我打电话说：不要签字。情况每个小时都在恶化。没有人会遵守和约。”莫斯科的调解人通知了德国外交部长。“我这么告诉施泰因迈尔的时候，他很失望。但我也向他解释了我们为什么不签字。他不相信我。”

西方各国的外交部长、总统亚努科维奇和反对派代表最终还是签署了协议。“我们达成了一项协议，它当然不能满足所有人的期望，”德国外交部长在基辅说道，他在摄像机前一脸倦容但满怀希望，“但这或许是从暴力的恶性循环中找到出路的最后一个机会。”谈判期间，他并未得知独立广场上发生的许多戏剧性事件。他在几个小时之后就会知道，和约只不过是毫无价值的一纸空文，那时候他已经回到德国了。

亚努科维奇在签字后又一次致电普京。根据协议，乌克兰总统现在要将内政部的特种部队撤出，普京认为这很有风险。他警告说，这只会进一步加速政府的权力丧失。他劝亚努科维奇不要这样做，建议等局势平静下来再说。亚努科维奇还宣布他将离开基辅，撤退到乌克兰东部的哈尔科夫，普京也不认为这是个好主意。乌克兰总统听普京说了理由，但做出了不同的决定。“他说‘是的，是的’，他可以很好地理解我的顾虑，然后他做出了完全相反的事情。他让警察撤离，然后去了哈尔科夫。这是他的决定。剩下的大家都知道了，没什么好事情。”普京回忆与亚努科维奇的谈话道。

这个周五的晚上，独立广场上的气氛绝对说不上欢乐，即便协议正在慢慢得到实施。过去48小时中的死难者的遗体安置在打开的棺材里，陈列在讲台之前。大部分人是被枪杀的。当维塔利·克利钦科和阿尔谢尼·亚采纽克上台宣布谈判结果时，他们收获了无情的嘘声和倒彩，只因为他们和亚努科维奇曾坐到一张桌子前。弗拉基米尔·帕拉苏克，一个来自利沃夫的好战的民族主义者，冲上了讲台，抓起了麦克风。他是独立广场委员会在过去几周里为了与政府对抗而用退伍老兵建立起来的军事组织的指挥官之一。《明镜周刊》描写他的过去说，他“至少待过四个军营”，学过射击和肉搏战。“我代表我的百人队宣布，”他大声说道，赢得了热烈的掌声，“如果上午10点之前你们没有宣布罢免亚努科维奇，我们将用我们的武器掀起风暴。我对你们发誓。”帕拉苏克的最后通牒宣告了通过谈判避免进一步流血的努力终结了。

弗拉基米尔·普京当晚展开了进一步的危机谈判，与贝拉克·奥巴马通了一个小时的电话。他恳请奥巴马发挥对乌克兰反对派的影响力，敦促他们遵守和约。白宫在这次电话会议结束后宣布，奥巴马也认为这是一个机会。“那时美国总统向我保证，他与我意见相同。”俄罗斯总统说，“他说他将极力敦促和约付诸实施，确保局势不会进一步升级。结果是什么，我们已经看到了。”奥巴马的保证跟接下来几个小时、几天里的具体事件几乎没有什么关系。

亚努科维奇的逃亡让政变无法挽回。政府的力量在几个小时内瓦解。独立广场司令安德烈·帕鲁比的自卫武装在第二天，即2月22日战略性地占领了基辅市中心、议会大楼和政府所在地，并要求总统辞职。几个小时后，450名议员中的328名投票赞成解除亚努科维奇的总统职务。乌克兰军方称，军队不会卷入政治冲突。尤利娅·季莫申科已于前一晚获释（这是西方国家与乌克兰达成和平协议的条件）并宣布参加即将举行的总统大选。在乌克兰东部，前总统曾经的权力中心，形成了对抗基辅的新统治者的反对力量。乌克兰正面临内战。

特使卢金在离开基辅的总统府时得知，内政部的特种警察部队“别尔库特”即将撤退。局势变得更加混乱。他的保镖坚持要求他立刻去机场。

第二天上午，弗拉基米尔·卢金已经回到了莫斯科，他站在红场上，要完成这个周末的另一项任务。2月23日是一个节日，“祖国保卫者日”。如同每年一样，弗拉基米尔·普京向亚历山大花园里的无名烈士墓敬献了花圈。仪式结束后，他邀请卢金特使到他位于克里姆林宫三楼的办公室。卢金将报告他对基辅事件的看法。

普京并非一个人在房间里，一半的国防安全委员会成员都在这里，还有安全局的官员和国防部长。他们看起来都精疲力竭，但他们都想知道更多谈判的细节。争论的焦点、气氛、对局势的评估。卢金总结了他的个人观点：“很难说革命的形势是何时开始的。”无论如何，亚努科维奇都不再能够阻止这场运动或阻止达成协议。“最后，他只是在亢奋和恐惧之间摇摆不定。”

就连乌克兰总统的保镖在这一天也出现在克里姆林宫。亚努科维奇的车队正在乌克兰东部东奔西走，一直受到攻击。一支俄罗斯特种部队已经上路，要将他护送至俄罗斯。

对于弗拉基米尔·普京来说，西方推翻乌克兰总统是越过了一条红线。他年复一年地发出警告，不要忽视俄罗斯的利益。自从2000年上任以来，他一再提醒西方国家不要忘记它们在苏联解体之后做出的承诺：北约不会继续向东扩张。他在2001年对德国联邦议会发表演讲时这样提醒过，在2007年的慕尼黑安全会议和2008年的北约布加勒斯特会议上也提醒过。这是苏联同意德国统一的条件之一。

如同之前跟乔治·W. 布什一样，普京跟贝拉克·奥巴马多年来就一直有争论，因为美国不愿意放弃其在欧洲的导弹防御系统，这个系统号称是针对伊朗的，但在普京的眼中，它首先是对俄罗斯的威胁，因为比如说部署在罗马尼亚或波兰等地的装有核弹头的导弹，能在几分钟内击中俄罗斯境内的目标。尽管普京多次表达意见，但北约早已将系统部署到了俄罗斯边境。

在我们的一次谈话中，他指出了历史中的类似事件："您还记得古巴导弹危机和美国总统肯尼迪在用战争威胁我们时的演讲吧？因为我们在冷战时想把导弹部署在美国附近。"1962年10月22日，美国总统在一次戏剧性的电视讲话中警告克里姆林宫的主人尼基塔·赫鲁晓夫，不要在美国附近、在当时的盟友卡斯特罗那里部署导弹："美国和国际社会都无法容忍对任何国家，无论大小，做出蓄意欺骗和发出进攻威胁的行为。核武器威力惊人，而弹道导弹速度又如此之快，它们的使用机会有任何实质性增加或它们的部署发生任何突然的变化都会被当作对和平的明确威胁。"当时，东西方的军事力量都蓄势待发，准备应对第三次世界大战的爆发。

普京说，现在事态发生了转变，俄罗斯处于美国导弹的威胁之下，这并不会改变肯尼迪论证的有效性。它一如既往地适用于双方。

他总结了他在国际政治事务中的经验，得出结论：美国正在系统地蚕食俄罗斯的历史影响地区。在华盛顿为民主和自由开展的全球运动中，他看到的并非美国的道德使命，更多的是其为确保和稳定扩大其地缘政治范围而采用的有效武器。支持他观点的例子在他看来已经足够多了。他回忆起美国政府和西方非政府组织在各前苏联加盟共和国，如格鲁吉亚和乌克兰，用“玫瑰革命”或“橙色革命”之类的口号煽动民众对政府的——可以理解的——不满。他没有忘记小布什在格鲁吉亚政府被推翻后支持新总统萨卡什维利挑衅俄罗斯的侵略性政策，它最终导致了2008年8月俄罗斯与格鲁吉亚的战争爆发。而且在这一切之中，他看到欧洲或多或少都在和美国同步前进。欧盟也在试图向东扩张，丝毫不顾俄罗斯的经济利益。他刚刚在乌克兰领教过了。现在，他反复提过的红线终于被越过了。

独立广场事件爆发后，弗拉基米尔·普京就下决心要保护俄罗斯的利益，并将创造事实。这事关俄罗斯在克里米亚和乌克兰东部的同胞以及黑海舰队的未来，这支舰队自古以来一直驻扎在克里米亚半岛。而且普京还要公开表明态度。

在自己献过花圈、卢金在克里姆林宫做完汇报之后，普京于2014年2月23日下午飞往索契参加冬奥会的闭幕式。奥运会终于取得他梦寐以求的成功。没有重大事故，有足够的积雪，而且东道主赢得了最多的奖牌。虽然国家男子冰球队的表现令人尴尬，但俄罗斯在奖牌榜上独占鳌头，领先挪威、加拿大和美国。

“为什么承认这届奥运会成功了就这么困难呢？”《纽约时报》在冬奥会闭幕后评论道，并间接地指出，许多评论家在过去几个月里对索契的评价更多的是针对政治而不是体育。“或许这次成功也象征着总统弗拉基米尔·普京的权力和影响。”《纽约时报》写道，“但是，如果这次奥运会没有在那里举办，世界上就不会有那么多人听到对俄罗斯反同性恋法——以及其他镇压性法律——的抗议之声。普京举办了奥运会，他的国家蒸蒸日上。与此同时，俄罗斯不那么可爱的一面曝光了，这可能会被证明是这届奥运会的最成功之处。”

当天晚上，俄罗斯总统站在主席台上，面带微笑，挥手致意，庆祝胜利，并且没有让人注意到他几个小时之前做出了什么决定。他要让克里米亚回到俄罗斯。行动已经开始了。

2014年2月底，俄罗斯国旗在克里米亚地方议会的屋顶飘扬。绝大多数议员同意克里米亚半岛加入俄罗斯。在克里米亚，共有包括黑海舰队在内的2万名俄罗斯士兵驻扎。驻扎协议的有效期是到2042年。没有佩戴国徽的俄罗斯军人占领了首府辛菲罗波尔的机场，包围了乌克兰的军营。乌克兰军队可以选择投降或向基辅撤退。有些人留了下来，另一些人则决定放弃他们在黑海畔的驻地。

接下来的几天里，在莫斯科方面组织的全民公投中，绝大多数人决定加入俄罗斯。近200万选民中93%投了赞成票。投票率为80%。多数克里米亚人选择俄罗斯，放弃乌克兰，华盛顿的著名调查机构皮尤研究中心的调查也证实了这一点。默克尔在电话中愤怒地谴责，普京“让俄罗斯干涉克里米亚是不可接受的，违反了国际法”，她还指责普京没有预先告知，他要把克里米亚搞到手。普京不予理睬。他冷静地告诉德国总理，在基辅政变之后，俄罗斯采取的措施是“完全适当的”。默克尔惊呆了，她手下的人说。

即便奥巴马宣布，俄罗斯将为此付出高昂的代价，普京也无动于衷。2014年3月18日，弗拉基米尔·普京在克里姆林宫举行的仪式上签署了克里米亚加入俄罗斯的文件。华盛顿威胁要将他逐出八国峰会，默克尔威胁要实施制裁，对此他都不屑一顾。他已经考虑到了负面的反应。针对奉奥巴马命令前往黑海的美国军舰，他在克里米亚海岸部署了最新的“堡垒”导弹系统，在美国的间谍卫星图片上很容易就能看到它。

“我们一次又一次地被欺骗，别人在我们背后替我们做决定，留给我们的都是既成事实。”普京为这次回归行动辩护道，他收获了该国政治精英们如雷的掌声。克里米亚加入俄罗斯没有造成流血冲突，没有开一枪。问卷调查显示，普京在俄罗斯的支持率上升到前所未有的高度——超过了70%。

几个月后他仍然坚信，西方是有意推动、实施了基辅的政权变更，他们没有敦促实施反对派与亚努科维奇达成的和平协议，尽管德国、法国和波兰的外交部长也在文件上签了字。他从一开始就持怀疑态度，不相信他们。他更热切地谈起这个话题。“对于为何一切都要这样而不是那样进行，后来默克尔、奥朗德和奥巴马跟我说起的原因都是一样的。他们说情况根本无法控制，没有其他选择，他们无能为力。”弗拉基米尔·普京认为这只是一个借口。在他看来，在这场美国人策划的政变中，欧洲人即便不是同谋，也是奉命行事。他认为，即便他的假设是错误的，默克尔和奥朗德事后也可以选择政治干预，并宣布自己并不支持叛乱。

“但他们没有那么做。”他在2014年初夏我们的一次会面中继续说道，“美国人以同样的理由回答我时，我就问他们：‘为什么你们没有一起做出反应？如果欧洲各国大使跟你们美国人一起将基辅的反对派集合起来，告诉他们“我们不承认这次权力变更”，事情就很容易了。把总统接回来，按照协商好的，以合法的方式组织大选，那么我们就不会有现在的冲突，也不会有几千人死在乌克兰。’”

这究竟是一场民主解放运动还是老套的政变，究竟在何时发生了什么，谁要负多大责任，对于这些问题西方也依然争论不休。到目前为止，仍不清楚独立广场上向示威者和警察双方都开了枪的狙击手是谁。这次屠杀是这场充满暴力的权力变更的关键因素，这是毋庸置疑的。清楚的只是，内政部下属的“别尔库特”特种部队得到了一支叫作“欧米茄”的部队的支援，而这支队伍中是有狙击手的。乌克兰前内政部长维塔利·扎哈尔琴科在接受《明镜周刊》采访时承认过这一点。但仍然不清楚在独立广场的屋顶上向四周扫射的狙击手究竟是亚努科维奇派来的，还是反对派雇来为革命火上浇油的，或者是否有第三方参与进来的可能。

爱沙尼亚外交部长乌尔马斯·佩特和前欧盟外长凯瑟琳·阿什顿在政变之后的一份电话记录进一步刺激了这些争论。佩特向阿什顿讲述了他访问基辅独立广场的过程。现场的一名医生给他看了照片并解释说，示威者和警察是被同型号的子弹射杀的。佩特在电话中说，医生告诉他“所有证据都表明，敌对双方是被同一名狙击手枪杀的”。令人恼火的还有，这段截取的对话中说到，独立广场联盟拒绝调查枪击的具体情况。这些内容在互联网上迅速传播并成为头条新闻。拉脱维亚外交部长总结他与独立广场活动分子的会谈说，这就证实了这项怀疑，即“在狙击手背后的不是亚努科维奇，而是独立广场联盟的人”。拉脱维亚外交部证实，这通电话确实存在，但不愿对此发表评论。

新的乌克兰领导层则声称，死者全部是被推翻的前政府谋杀行为的受害者，但对这种说法的怀疑从未平息。独立广场上的战斗人员是有武装的，有录像可以证实。《明镜周刊》写道，右翼团体领导人德米特里·亚罗什曾率领他的武装人员与广场司令安德烈·帕鲁比密切合作，“他从1月份起就让他的人向警察开枪，从而导致了流血冲突升级”。欧洲委员会已委托调查组对独立广场枪击事件展开调查，并对乌克兰司法部门的调查提出了强烈批评，说其“阻挠工作”且“缺乏独立性”。

第二十一章　战争与和平

数千死者促成的明斯克谈判

2014年9月，我应邀在夏末的细雨柔风中到阿穆尔河畔漫步，这里距离布拉戈维申斯克不远。这座俄罗斯城市坐落在与中国的边界河上，从莫斯科坐飞机到这里需要八个小时。国宾馆的保镖们在我们身后保持着一定的距离。弗拉基米尔·普京需要运动，他在这周里做了横跨俄罗斯的例行视察，还绕路去了趟蒙古首都乌兰巴托。

此前我们去参加了世界柔道锦标赛在乌拉尔的车里雅宾斯克的开幕式，这是俄罗斯总统的义务。他是国际柔道联合会名誉主席，还是黑带八段。比赛场地是经过改建的冰球场，东道主表现还不错。在团体赛决赛中，俄罗斯男队以显著优势战胜德国队，最终却不敌老牌劲旅日本队，德国人获得了铜牌。普京的注意力集中在俄罗斯的希望、奥运会冠军塔吉尔·哈亚布列夫身上。普京是这位著名柔道选手的支持者，还跟他进行过一次“乱取”练习，这是这种日本功夫的爱好者们对自由训练课程的叫法。在2012年伦敦奥运会上，当这位同胞赢得金牌时，普京正与英国首相卡梅伦坐在场边。然而在车里雅宾斯克，哈亚布列夫在个人比赛的半决赛中输给了一个德国人。他没能在自己家门口赢得世界冠军。

几个小时之后，总统专机启程飞赴西伯利亚。这本是一次例行的会面，却出人意料地获得了政治象征意义。在伊尔库茨克附近，普京出席了“西伯利亚力量”的开工仪式，这是一条新的通往中国的天然气管道。自乌克兰危机开始以来，与中国的经济合作变得日益重要。俄罗斯与中国签订了一份在未来几十年里供应量价值高达4 000亿美元的天然气合同，此外俄罗斯还加强了对华关系。

现在，克里姆林宫的专机降落在了阿穆尔河畔。总统想要实地考察地方政府是否已经妥善处理了一年前飓风和水灾造成的损失，还是只是敷衍了事。个人关怀和政治公关的混合驱使着他定期飞跃这个庞大的帝国，确保哪怕是几千公里以外的人也能感受到，无论克里姆林宫有多远，总统都在关心着他们。

这些天来，在日常事务的背后，就基辅和乌克兰东部之间可能达成停火协议的谈判正在密集展开。俄罗斯国防部长绍伊古和总参谋长瓦列里·格拉西莫夫确保普京随时了解该地区的战斗情况。自2月发生基辅政变之后，乌克兰东部的顿涅茨克和卢甘斯克宣布独立，此后，乌克兰政府军就试图借助“反恐行动”夺回这两个分裂出去的共和国。乌克兰政府军原本指望迅速取得胜利，却低估了对手以及俄罗斯支持民间武装的意愿。

在过去的几天里，民间武装在顿涅茨克地区的伊洛瓦伊斯克市附近包围了政府军。形势毫无希望，因此乌克兰总统彼得·波罗申科一再给弗拉基米尔·普京打电话。波罗申科想谈判，协商出一个撤兵的条件。“在他上台后，我曾试图劝阻他在乌克兰东部重新开战，”普京在细雨中走了几步后说，“但我没有成功。他也别无选择。”

乌克兰寡头波罗申科拥有颇受欢迎的电视台“第五频道”，它在几周时间里一直站在独立广场示威者的一方进行现场直播，可以说到目前为止波罗申科是基辅政变之后的最大赢家。波罗申科凭借数十亿身家和媒体帝国赢得了权力的牌局，在维克托·亚努科维奇流亡俄罗斯后成为乌克兰官方的头号人物。在随后于2014年5月举行的大选中，波罗申科以极大的优势战胜尤利娅·季莫申科，虽然欧盟和安格拉·默克尔曾将乌克兰的命运寄托在这个女人获释之上。这名西方的代表只获得了12%的选票。美国人支持的阿尔谢尼·亚采纽克成为总理，德国政府支持的维塔利·克利钦科则将成为基辅市长。

在动身视察全国之前，普京曾与波罗申科会面，第一次长时间地单独交流。在明斯克的欧亚经济联盟首脑会议上，普京曾向这位新同僚明确表示，俄罗斯不会放弃支持乌克兰东部的民间武装。他要求乌克兰政府同意这片以俄语为主要语言的区域实行自治。波罗申科要求俄罗斯关闭边境，以停止帮助民间武装，普京断然拒绝。在我们散步时，普京告诉我，对他来说重要的是，要清楚地告诉波罗申科，有些事情是没得谈的，他之前也告诉过默克尔和奥朗德：在就民间武装对独立提出的更多要求展开直接谈判之前，俄罗斯不会允许基辅从军事上消灭民间武装。波罗申科表示了反对。他称，只有当民间武装完全放下武器时他才会谈论政治让步，并宣布将采取进一步的军事行动。普京为此警告他，这只是无谓的流血。波罗申科的回应听起来很简洁：除了战斗，他别无选择。对立的双方只在一点上达成了一致，那就是他们对任何事情都不能够达成一致。直到几天之前，局势都是如此。而现在，战场上的现实加强了谈判的意愿。

彼得·波罗申科在许多条战线上同时开战，他在内政上也面临着压力。总理阿尔谢尼·亚采纽克在明斯克会议前夕拒绝了就停火问题举行谈判，并说不能背叛革命。时任最高拉达（即议会）议长的亚历山大·图尔奇诺夫，果断排除了外交解决的可能性："只有乌克兰政府军能够结束这场战争。"乌克兰正面临着巨大的麻烦，新的领导层逐渐认识到这一点。2月的革命所激起的期望与现实之间几乎没有什么联系。这个国家在军事和政治上都到达了极限。波罗申科必须对这些期望给出回应，才能将政治生命延续下去，这个压力是巨大的，并且与他的个人态度无关。如果军事上没有迅速的解决办法，长期士气不振的军队又得不到有效的增援，那么很快就会出现疑问：这巨大的牺牲意义何在？即便在战争期间，大选的骚动也从未平息。不久后就应当选出新的议会。

"我告诉波罗申科，他不可能在军事上赢得这场冲突。"弗拉基米尔·普京在散步时总结了前几天的电话，任雨水从他的脸上流过，"只能通过谈判解决问题。"电话会谈很快就转到了乌克兰政府军在什么条件下才能从伊洛瓦伊斯克突围的问题。在最初的地面战胜利之后，就连波罗申科的军事顾问也接受了北约的看法，"在这场冲突中，基辅已经失败了"，《明镜周刊》写道。乌克兰总统至少希望，普京能够促成让失败的士兵带着重武器"光荣撤退"。在咨询了军方领导人之后，弗拉基米尔·普京在下一次电话会谈中提出了一个建议。"光荣撤退"可以，但只能带上冲锋枪，不能带重武器。

"波罗申科同意了，"普京描述了与乌克兰总统的协议，"但是军队没有遵守，而是违背了约定，试图用重武器暴力突围。他们的损失很大。这是毫无必要的。”鉴于局势已经毫无希望，弗拉基米尔·普京无法理解地方指挥官牺牲自己人做炮灰的决定。“这其中有一个军事逻辑，”他说，毫不掩饰他认为冲突升级是不负责任的、不专业的这一事实，“西方国家不会进行军事干预，每个人都知道这一点。”乌克兰政府军中有一部分是志愿兵组成的单位。他们被叫作“顿巴斯”、“第聂伯罗”或“亚速”，编制上隶属内政部，作为乌克兰国家卫队自主行动，他们被认为是极右翼民族主义者，喜欢用纳粹的万字符作为战斗标志。

我们散步时，雨越下越大。保镖递上雨伞。我们踏上返回的路，普京讲述了这一事件的结局。波罗申科又打来电话，然后协议得到了切实遵守。乌克兰政府军在撤离之前自己毁掉了大部分重武器。“在最后几天，我们一直进行电话交流，商谈如何阻止这一无意义的流血事件，我们必须找到一个和平的解决办法。”

那天晚上，我问普京，那些报纸刚在网上披露，他在与欧盟主席巴罗佐谈话时威胁说，俄罗斯军队两周内就能出现在基辅，这件事情是不是真的。普京激动地给出回答。“真是白痴。”他脱口而出，随后恢复常态，怀疑地问道，“他真的这么说了吗？”这个消息来自意大利的《共和报》，在过去的几个小时里像野火一样传遍了德国的主流媒体。据称，即将卸任的欧盟主席、公认的普京反对者巴罗佐在8月底的欧盟峰会上告诉各国首脑，俄罗斯总统在一次电话中威胁他说：“如果我愿意，我可以在两周内拿下基辅。”

在普京看来，巴罗佐的声明属于心理战的范畴。“我刚刚明确地跟巴罗佐说过，我们过去没有，现在也没有进军基辅的意图。”他反驳了这一指控。“情况完全相反。”他在略作思考之后表示，他不会对这个说法放任不管。“如果别的办法行不通的话，那么我们必须公布全部对话，以澄清误解，无论是什么样的误解。那次对话已经录下来了。”散步结束后两小时，总统的外交政策顾问尤里·乌沙科夫针对巴罗佐的说法向各通讯社发出一条简短的声明。“[这句引用]是断章取义，因此与原意完全不同。”俄罗斯常驻欧盟代表弗拉基米尔·奇若夫发出了一封信，信中称，如果巴罗佐不更正他的言论，克里姆林宫将在48小时内公布全部对话。

24小时后，欧盟主席巴罗佐的发言人皮娅·阿伦基尔德·汉森在布鲁塞尔对《华盛顿邮报》解释说，在一次秘密谈话中发出的这则言论很遗憾地遭到了“断章取义”。布鲁塞尔非常重视通过外交途径处理这一事件。两周之后，《南德意志报》又发表了一段据说是普京发言的话，称俄罗斯总统自夸，他的军队根本不需要两周，两天就能占领基辅，并同时拿下里加、维尔纽斯、塔林、华沙和布加勒斯特。《南德意志报》驻布鲁塞尔的记者称消息来自波罗申科，他又反过来告诉了巴罗佐。彼得·波罗申科在几天后就要面对提前举行的议会大选，他的竞争对手、总理阿尔谢尼·亚采纽克拿出了自己的内阁名单，并提出了更为响亮的战争口号。德国媒体上再也不见欧盟主席巴罗佐的办公室早先做出的辟谣。新闻报道的阵地战继续进行。

伊洛瓦伊斯克战役的失利迫使波罗申科开始行动。在基辅，批评的声音日益增多，阵亡者的家属公开抗议军方和政界让他们的军人和志愿者在一场无望的战斗中白白送死。乌克兰国防部长瓦列里·格列捷伊在战败后仍然宣称，卢甘斯克的机场可能是被俄罗斯发射的核弹头命中的，波罗申科为此解雇了他。格列捷伊已经是新政府成立几个月内第三位不得不走人的国防部长了。军事上失利后，波罗申科宣布自己已经做好准备迎接可能的停战。

在阿穆尔河畔漫步之后次日，弗拉基米尔·普京在蒙古乌兰巴托机场的贵宾休息室面对群集的记者提出了“七点计划”，这将成为明斯克会谈的基础。第一步是要在顿涅茨克和卢甘斯克的争议地区实现停火，并要求设立国际监察，以确保停火得到遵守。贝拉克·奥巴马在前一天抵达爱沙尼亚，向波罗的海三国立陶宛、爱沙尼亚和拉脱维亚保证了美国的声援。“俄罗斯和乌克兰东部民间武装唤醒了对欧洲过去的险恶阴谋的回忆，而那早就应该是历史了。”奥巴马再次向各国保证了多年来一直被视为理所当然的事情：如果俄罗斯发动攻击，北约会来营救。

乌克兰总理亚采纽克从基辅发来了对两位总统普京和波罗申科就停火进行谈判的意愿的第一次拒绝。他认为，这个建议是一个“摧毁乌克兰，重建苏联”的计划。亚采纽克公布了他的计划：在与俄罗斯接壤的东部边境线上建造一条2 000公里长、带有铁丝网和地雷的界墙。怎么建，拿什么建，他可没有说。总统波罗申科讲话更加温和，他领会了普京的提议。2月份独立广场的持续冲突导致乌克兰陷入造成数千人死亡的军事暴力的悲剧旋涡，现在，在七个月之后，终于可以第一次实际考虑是否能够避免进一步的流血以及为此要付出什么样的政治代价了。

一个由乌克兰和俄罗斯代表、东部民间武装和欧安组织代表组成的联络小组在中立的白俄罗斯首都明斯克进行了会谈，探讨了什么可以做，什么不能做。尽管有波罗申科和普京的意向声明，这次会谈也只不过是相互间愤怒和沮丧的反映。这是一个开始，因为其他的路都行不通——不过也就仅此而已了。与会者于2014年9月5日签署、随后由欧安组织公开的议定书提出了很高的要求，它载有关于如何处理这场危机的十三项决定。其中包括停火和交换战俘，承认卢甘斯克和顿涅茨克共和国自治，并商定重型武器只能布署在一片宽阔的安全区域之外。

这是第一次实验，所有参与者都是二线人员。在协议上签字的人包括欧安组织特使海迪·塔利亚维尼、乌克兰前总统列昂尼德·库奇马、俄罗斯驻乌克兰大使米哈伊尔·祖拉博夫以及东部民间武装领袖亚历山大·扎哈尔琴科和伊戈尔·普罗特尼茨基。没有会因此丢面子的一线政治家。半年前暴力政变留下的伤口仍然太过新鲜。

从乌克兰传来的消息在接下来的几周里会继续恶化。停火协议不可能得到一致的执行。东部民间武装进一步获得了地盘，西方实行了更严厉的制裁，从美国也传来了粗暴的声音。

美国总统奥巴马抱怨说，东部民间武装正在得到“俄罗斯的支持、俄罗斯的装备、俄罗斯的金钱、俄罗斯的训练和俄罗斯的军队”。同时，该国三大智库大西洋理事会、布鲁金斯学会和芝加哥全球事务委员会共同发出呼吁，要求向基辅提供重型武器。专家们——前防卫事务政治家、军人和美国驻北约诸国的大使——的逻辑很简单：应用武力迫使俄罗斯进一步向西方妥协。

“有人估计，改良乌克兰政府军的装备将导致更多东部民间武装分子和俄罗斯士兵死亡，这又将导致俄罗斯国内的政治反弹，迫使俄罗斯总统坐到谈判桌上来。”布鲁金斯学会的菲奥娜·希尔和她的同事克利福德·加迪在《华盛顿邮报》撰文，猛烈批评了其他同事的建议。他们认为这样做只会导致冲突进一步升级。这两位都有出色的洞察力，他们的著作《普京先生：克里姆林宫的特工》堪称近年来关于俄罗斯政治的典范之作。“如果我们听从他们的建议，那么不仅乌克兰会陷入与俄罗斯的军事冲突的旋涡。”柏林方面不会同意的。俄罗斯总统也不会。“那时普京就会认为，任何进一步的妥协都只会鼓励西方进一步地肆无忌惮。”

安格拉·默克尔与弗朗索瓦·奥朗德同意，鉴于紧张的局势，重新开始新一轮的谈判。两人都因此前往莫斯科，与弗拉基米尔·普京讨论解决僵持局面和冲突的可能办法。随后应当在明斯克举行进一步会谈。这次应当是高层会议。除了欧洲二人组外，俄罗斯总统和乌克兰总统也将首次出席。只有东部民间武装不应当出现，波罗申科如此要求，他拒绝接受他们为平等的谈判伙伴。他想避免在国内留下这种印象，即他要向现实低头。

在2015年2月初的慕尼黑安全会议上，德国和美国的不同设想首次公开交锋。美国的媒体在会议开始时及时地以一条可疑的信息来解释，普京为何如此顽固不化，这应该不是一个偶然。其诊断说，普京是一个自闭症患者，有神经系统缺陷，还患有亚斯伯格综合征。“一项影响了所有决定的自闭症障碍，”《今日美国》引述一份机密档案道，“因为他的神经系统发育在童年时期遭到了严重破坏。”不过，早在2008年就接受了五角大楼委托进行这项研究的各位作者指出，他们没能成功地扫描到普京的大脑。相反，他们不得不凑合着使用电视上俄罗斯总统的常见视频图像做研究。

美国助理国务卿维多利亚·纽兰在于巴伐利亚宫廷酒店七层召开的会议上向美国外交官、参议员和将军们指示，美国代表团应该如何表现，好给德国人留下深刻印象。关于默克尔去拜访普京她谈得很少，称之为“默克尔在莫斯科胡说八道”。《图片报》以雄健的风格报道了这次会议：“美国政治家在乌克兰危机中对德国人的真实看法。”普京这样的独裁者“不会因别人飞去莫斯科见他就放弃野蛮行径”，约翰·麦凯恩批评了德国总理据说是过于温和的态度。在其他人看来，国防部长乌尔苏拉·冯德莱恩是一个“德国失败主义者”。纽兰呼吁美国政治家们一起亮出自己的旗帜。“我们可以跟欧洲人斗争，在语言上跟他们斗争。”为了说明这行得通，她还立刻为美国队如何使用口头武器提供了宝贵的技巧。“我恳请你们使用‘防御系统’，这是我们为对抗普京的‘进攻系统’所准备的词。”《图片报》引用了她的一条语言战略建议。

对于安格拉·默克尔来说，来自华盛顿的这种传教攻势是一种全新的体验。德国总理第二天站到讲台前，就对情况了解得很清楚了。在莫斯科会见弗拉基米尔·普京的次日，她对满满一会议室的美国人说：“问题是，我无法想象乌克兰政府军要改善军备到什么程度，才能让普京总统相信，他将在军事上失利。”她拒绝向乌克兰提供武器。至少现在不愿意。

经过一夜的马拉松式谈判，冲突各方最终达成了一项“十三点计划”，期望它能够为乌克兰东部带来和平。许多商定的步骤都并不新鲜：交换战俘、停火、设立缓冲地带、乌克兰政府军撤军。不过民间武装放弃了从乌克兰分裂出去的要求。接下来是关于自治的问题，以及该地区确切的边界。夜间，杰巴利采韦附近仍然进行着激烈的战斗，乌克兰政府军的形势依然不被看好。杰巴利采韦虽然只是一座小城，却是重要的交通枢纽。这里是乌克兰东部的两条主要公路交会的地方——其中一条就是连接民间武装的两个据点顿涅茨克和卢甘斯克的M4公路。目前的情况与明斯克那次类似。乌克兰政府军被包围。他们将成功逃脱，但要遭受巨大的损失。

知识和兴趣

2015年6月，莫斯科一个温暖的夏夜。在第二次明斯克会谈之后，我与俄罗斯总统又约见了一次。跟以往一样，时间又很晚。第二天是“俄罗斯日”，这个节日让很多住在首都的人有机会到城外的别墅度过一个长周末。就连弗拉基米尔·普京在诺沃奥加里沃的官方会面也安排得少了，他还跟两个女儿在官邸吃了饭。

在这个晚上，普京回顾了过去几个月发生的事件——包括西方的反应，西方国家正式将俄罗斯的地缘政治利益贬低为19世纪的过时政治。而在普京看来，它们带着道德优越感所做的正是同样的事情。他谈到对俄罗斯经济的严厉制裁，这些制裁让俄罗斯非常痛苦，但也影响到了欧洲。

基辅与乌克兰东部之间的直接谈判进行得很艰难。在普京看来，基辅的顽固口号是没有意义的，因为长期以来，乌克兰在与俄罗斯的冲突中，无论在军事方面还是在经济方面都没有胜算。他说，尽管国际货币基金组织、欧盟和美国在为基辅政府提供赞助，但人民的不满情绪正在增长，随着战争的进行，代价每一天都在增大。

他继续说，默克尔和奥朗德仍然公开向他表示，东部民间武装是亲俄罗斯的。他回忆起他们不断地劝告：“您要发挥影响力，您要这么这么做。”面对民间武装无视作为谈判对象的基辅政府，而要普京代替他们参与谈判的要求，普京认为，这无异于要把他当成替罪羊。“我不是乌克兰公民。我总是反问：你们又做了什么去影响你们的基辅当事人？你们又为什么只是站在他们一边呢？”

尽管如此，普京还是称赞了默克尔和奥朗德，他们那天晚上在明斯克应该能够懂得，如果不能达成任何结果，那也将是他们的失败。比如，波罗申科反对“自治”的概念，他们插手解释了这个词；他们还主张修订乌克兰宪法，这将在事实上给予乌克兰东部地区自治权。基辅坚持使用“分权”而不是“自治”的概念。原则上这事关在乌克兰的俄罗斯裔说母语和促进民族身份认同的权利，事关与俄罗斯进行跨境贸易，事关地方选举。这丝毫没有超出欧洲少数民族的正常权利的范畴。“默克尔和奥朗德在谈判中就确切的用词争吵时解释了这个概念的含义，他们说了他们是如何理解‘分权’这一概念的，最后我们也同意了他们的说法。”普京描述了那些晚间谈判的障碍，“我们也说服了顿巴斯的代表同意。他们当时不在房间里，因为基辅不想直接跟他们对话。但文本还是跟他们谈妥了。”

在普京看来，直到基辅承认乌克兰东部的代表是平等的谈判伙伴之后，失败的危险才告消失。他不会放弃这个要求。通过中间人绕路传话只在一个特定的时间内行得通。他指出，可接受的折中办法应当由双方直接谈判得出，因为毕竟是他们最终要接受这些条件。

波罗申科决定，停止与东部地区的经济联系，不再支付养老金，切断社会福利与银行体系，普京认为，这是他对自己国民的惩罚，只会对乌克兰产生消极作用。“这是一条很长的路。”普京最后总结说。他也同意，由于乌克兰东部国家主权的原因，从顿巴斯到俄罗斯的边境早晚应当由乌克兰军队控制。“但我也曾经说过，这不应发生在和平进程的开始，而应当是这条道路的最后一步。我们不会允许乌克兰东部的人民被包围、被消灭。”

弗拉基米尔·普京所想的正是他所说的。那天晚上，他对此毫不怀疑。

后　记

冰冷的和平

2015年6月21日，圣彼得堡。在冬宫前，建筑工人正在为当晚的音乐会搭建舞台。一年中最短的这个夜晚是白夜节的高潮，这次也吸引了无数游客来到涅瓦河畔。每年，市政府都要邀请刚刚毕业的中学生作为嘉宾来到宫殿广场庆祝这一盛事，这一年也不例外。稍后，到午夜时分，一艘张着亮紫色帆的船将沿着河流驶来。成千上万人将在涅瓦河岸上看到这一盛景。这艘三桅帆船是希望的象征，出自俄罗斯作家亚历山大·格林1923年的小说《紫帆》[1]。这个故事讲的是一个贫穷的女孩梦想被一位驾驶着紫色帆船的王子接走的故事，而这一梦想在这则童话里成真了。

冬宫曾是沙皇的皇宫，在门前的广场上给毕业生们预留位置有着悠久的传统。1905年，在东正教神父乔治·加邦的领导下，有超

1　中文一般翻译为《红帆》。——译注

过十万名工人在这里游行，为要沙皇尼古拉二世注意到陈明他们悲惨处境的请愿书。但是沙皇并没有收到请愿书，他命令向示威者开火。从某种意义上说，这次血腥的游行是1917年攻打冬宫的十月革命的彩排——也是罗曼诺夫王朝走向末路的开端。

弗拉基米尔·普京在这一周因公回到家乡。与上一年不同的是，几百名跨国公司的经理人来到圣彼得堡经济论坛，这是达沃斯世界经济论坛的俄罗斯版。甚至许多美国的理事会主席也动身前往圣彼得堡。普京对群集在这里的精英们解释道，虽然制裁打击了俄罗斯，但俄罗斯应付得了；他顽强地表达了信心。他的前财政部长阿列克谢·库德林在活动中扮演了悲观者的角色，并以坚决的态度对普京的乐观主义提出了警告。他断言："我们正面临着全面的危机。到今年年底，经济数据会变得更糟。"

经济形势复苏了一个老话题。普京对他朋友的分析能力表示赞赏，但在过去他没相信过库德林的政治建议。不过他承认，不是只有库德林要求削减福利。这个想法在政府的某些部门中也很流行。政府内部关于社会福利的讨论是个长期的话题，普京自从上任以来一直在面对它。几个月来一直有人说，总统的人气既然如此之高，现在就可以抓住一个独特的政治机会来进行经济改革了。但普京持保留态度。"如果我们做了我的朋友库德林建议的一切，我们会在经济上更加安全，但是数百万人会因为失业而流落街头。"

弗拉基米尔·普京在这些日子里得到的成绩，是一个优等生的分数。"普京的支持率攀升到了89%，这是前所未有的。"《华盛顿邮报》的头条新闻报道说。该报称，西方政治家借助制裁迫使俄罗斯总统改变路线的希望落空了，并预测这一切在可预见的将来也并不会改变。"那些推测普京的支持率会崩溃的人，可以不用指望这一点了。”文章对政治战略家建议道。莫斯科的列瓦达中心测算出的支持率是21世纪到目前为止的最高值；这些数值是由于基辅政变后发生的一系列事件而上升的。这个亲近反对派的研究所也发布了一些研究成果，解释俄罗斯总统为何如此受欢迎。在普京上任时，近三分之一的俄罗斯人生活在贫困线以下，现在则只有11%。预期寿命从六十五岁提高到七十岁。谋杀和误杀减少了，俄罗斯人会死绝的恐惧也已消除。已经萎缩了很长时间的人口数量在几年前又增长了。但是，总统也将看到，他没有控制住全国的腐败。弗拉基米尔·普京也知道，油价下跌可能会破坏这张很好看的成绩单。

弗拉基米尔·普京在经济论坛上度过漫长的一天后，在刚过午夜的时候走进鲍里斯·叶利钦图书馆，向聚集在那里的记者们发表会议结束的讲话，回答提问。全是各大通讯社的常见话题。关于乌克兰问题，关于2018年俄罗斯世界杯足球赛，关于天然气输送管道，以及关于捉襟见肘的希腊通过允许俄罗斯输油管道过境来赚钱的可能性——如果欧盟不禁止这个想法的话。没什么特别的。当然还有一个人们热衷讨论的问题，普京是否会很快向全世界介绍一位新的普京夫人。“我这儿一切都好。”他回答说，笑得很轻松，让这个问题落空了。他说他经常和离异的妻子以及两个女儿通电话，他对未来的个人生活有计划，然后他就告别了。只是像往常一样，他并没有说明那是什么计划。

乌克兰接下来将会怎样，也同样不明朗。普京肯定会保持自己看待事物的方式，而西方会继续自己的神话。接下来几个月的问题是：有没有不丢面子的解决之道？冲突的结果对东方和西方来说同样令人沮丧。乌克兰总统波罗申科以军事手段镇压乌克兰国内反抗的不当尝试，如人们所预料的一样失败了，并且使得冷战时期的沉闷气氛得以复苏。

西方威胁说，俄罗斯输送武器支持乌克兰东部民间武装会付出最高的代价。而普京会以相同的手段回应这种威胁，这一点毫无疑义。目前并不缺乏公开威胁的姿态。相互间的不信任已经大大增强了。约60%的俄罗斯人将美国视为祖国面临的危险。在大西洋彼岸同样也有这种感觉。“俄罗斯对我们的国家安全构成了最大的威胁。”当选的美国参谋长联席会议主席约瑟夫·邓福德于2015年夏天在国会听证会上说，他是又一个支持向乌克兰输送武器的有影响力的人物。邓福德称，核武器会侵犯美国盟国的主权，是“对美国生存的威胁”，莫斯科的行为“值得警惕”。他没有提到伊斯兰国恐怖分子。

“快速三叉戟”并不是北约唯一的“肌肉秀”，美军与其他十八个国家的军队在危机地区进行这种演习，在其进程中将重武器运送到俄罗斯周边国家。莫斯科也展现了自己的实力，在边境线上集结兵力，派遣轰炸机编队进入国际领空。弗拉基米尔·普京重新认识了对他有利的核威慑：它不依赖潜在对手的善意，而仅仅依靠对敌人的威慑作用。谁先发射，谁就第二个死。这个逻辑在冷战的数十年历史中已经被证明是可靠的。他宣布，他将用四十枚洲际导弹来充实他的核武库。

“两国政府正在装填弹药。无论在莫斯科还是在华盛顿，他们都只想给对方造成威胁。”记者弗兰克·吕贝尔丁在他的博客专栏“事件观察”中写道。这名媒体评论家首先注意到的是对新闻报道的影响：增加武器的心态可“不局限于偏执的政府之中。这种病毒也侵害媒体本身。它们为自己挖掘战壕，却被禁止入内。批评不再被认为是理所当然的，人们就像莫斯科和华盛顿的政府一样在寻找政治对手”。

2014年12月，在这种热烈的气氛中，来自政治、经济、文化、媒体各界的六十多位人士急切地发出警惕与俄罗斯开战的号召，要求欧洲采取新的缓和政策，但他们的呼声在登上德国媒体时遇到了很大的困难。制定并签署这项声明的并非爱好和平的活动分子，而是来自不同政治阵营的名人，例如德国前总统罗曼·赫尔佐格、前总理格哈德·施罗德、前社会民主党主席汉斯–约申·沃格尔和绿党的安特耶·福尔默。《欧洲再次爆发战争？不要代表我们》是声明的标题，它最终发表在《时代报》网站上。

“如果没有俄罗斯人民的和解意愿，没有米哈伊尔·戈尔巴乔夫的远见卓识，没有我们西方盟国的支持，没有当时德国政府的谨慎行动，欧洲就不会战胜分裂。和平地完成德国的统一是战胜国以理性为主导采取的伟大姿态。（……）俄罗斯人的安全需要与德国、波兰、波罗的海诸国以及乌克兰人的同样合法、同样强烈。我们不允许把俄罗斯排挤出欧洲。那样做是不符合历史的、不理智的，对于和平也是危险的。”

美国华盛顿的民意调查机构皮尤研究中心在2015年夏季的一项调查中发现，德国人和美国人之间的裂痕加大了，而且自乌克兰冲突爆发以来，北约在德国人心目中的形象已经恶化。只有二分之一的人对这个军事联盟持积极态度。甚至即使俄罗斯攻击一个北约成员国，半数以上的德国人也不愿意北约介入，德国人也不想为乌克兰而战。而且大多数人反对乌克兰加入欧盟甚至北约。

至此，美国国家安全顾问兹比格涅夫·布热津斯基1997年在他的《大棋局》一书中以惊人的准确性阐述的一个假说，已不再为德国人所认同："当前，德国的利益与欧盟和北约的利益是一致的，甚至在后两者的利益中得以净化。甚至绿党左翼联盟发言人也主张扩大北约和欧盟。"布热津斯基如此写道，还为德国的战争罪责提供了心理上的解释："在德国看来，投身欧洲是德意志民族得到救赎的基础，而与美国的亲密关系则是确保自身安全的关键。因此，德国认为一个过分自信且独立于美国的欧洲并非可行的选择。对德国来说，救赎+安全=欧洲+美国。这个公式决定了德国的态度和政策，它使德国既是一名欧洲的真正良民，又是美国在欧洲的最有力的支持者。"

乌克兰事实上已经失败了，基辅的领导层分裂了，基辅和乌克兰东部的人民正在遭受巨大的痛苦——这不仅是由于经济上的灾难，还由于破灭了的幻想。正是因为这种压力，在经过了几个月的欺诈、恫吓和指责之后，乌克兰终于开始接受严肃的谈判。这场冲突吞噬了几十亿美元，政治上的代价也比预期的更为高昂。因此，安格拉·默克尔和弗朗索瓦·奥朗德采取了更加强硬的立场，以迫使基辅做出更大的让步。

美国和俄罗斯也开始尝试再次直接对话。在经过数月的公开互相指责之后，普京和奥巴马又开始通电话了。俄罗斯总统在6月致电白宫。这是第一次私人接触。此前美国总统奥巴马曾派他的国务卿克里到索契去寻求共识。他们所谈的不仅仅是乌克兰、《明斯克协议》以及它为什么不能更快实施这些问题。美国注意到，它对俄罗斯的依赖程度比它想象的更严重。事关俄罗斯在伊朗核谈判中给予美国的支持，美国为了这个谈判已经奋斗了数十年，而若是没有普京的帮助，这是无法完成的。为了防止伊朗制造核武器，美国于2006年通过联合国安理会对伊朗施加了国际制裁，而安理会五个常任理事国并德国跟德黑兰的谈判花了差不多同样长的时间，为要达成以下协议：一方面允许该国使用核能，另一方面阻止其用同样的技术去发展核武器。这是贝拉克·奥巴马最喜爱的一个项目，他希望在任期结束时能够执行它。如果伊朗遵守这些规则，国际制裁就会取消。多亏普京的支持，协议在2015年夏得以签署。

俄罗斯与美国还并肩在伊拉克和叙利亚同所谓的伊斯兰国民间武装战斗。“克里国务卿曾多次想要来访。奥巴马总统前一段时间请我接见克里。”普京描述了新对话的序幕，“我们通过许多渠道继续与美国合作。如果外交部长不接手这项工作，还有谁呢？国防部长吗？我可不希望那样。”

弗拉基米尔·普京还同意让美国负责欧洲事务的助理国务卿维多利亚·纽兰与俄罗斯外交部副部长格雷戈里·卡拉辛直接负责《明斯克协议》的实施——与德国总理默克尔和法国总统奥朗德一起。“我们会看到结果如何。”弗拉基米尔·普京在道别时淡然地说，“在美国，奥巴马继任者的竞选活动已经开始了。”

附　录

年　表

1952年10月7日

弗拉基米尔·弗拉基米罗维奇·普京出生于列宁格勒（今圣彼得堡）。

1953年3月5日

约瑟夫·斯大林去世，他自1922年起任苏联共产党中央委员会总书记。

1954年2月19日

克里米亚被划归乌克兰苏维埃社会主义共和国。

1975年

二十三岁的弗拉基米尔·普京在列宁格勒完成了法学学业，开始克格勃生涯。

1983年7月28日

弗拉基米尔·普京与柳德米拉·什克列布涅娃结婚。

1984年

弗拉基米尔·普京赴莫斯科的克格勃红旗学院进修。

1985年8月1日

普京调任克格勃第一总局驻德累斯顿的分支机构从事谍报工作。

1990 年

普京返回列宁格勒，成为阿纳托利·索布恰克的雇员。

1991 年 8 月 19 日—21 日

发生对戈尔巴乔夫的政变。

1991 年 12 月

乌克兰宣布独立。俄罗斯、白俄罗斯与乌克兰成立独立国家联合体（独联体）。

1991 年 12 月 26 日

苏联正式解体。

1994 年 12 月

第一次车臣战争爆发。

1996 年 5 月

车臣停火。

1996 年 6 月

鲍里斯·叶利钦连任总统。

1996 年 7 月

普京的提携者索布恰克在圣彼得堡市长选举中落败，普京因此也失去了副市长的职位。

1996 年 8 月

普京来到莫斯科，任克里姆林宫资产管理局副局长。

1998 年 7 月

普京被任命为俄罗斯联邦安全局局长。

1999 年 3 月

北约东扩，波兰、捷克与匈牙利加入北约。

1999年8月9日

普京就任总理。

1999年12月31日

鲍里斯·叶利钦辞职，并任命弗拉基米尔·普京为其接班人。

2000年3月26日

普京在第一轮选举中当选总统。

2000年7月28日

与七大寡头会晤，颁布新的游戏规则。

2000年8月12日

“库尔斯克号”沉没。

2001年1月20日

乔治·W. 布什就任美国总统。

2003年3月19日

美国未经联合国授权发动伊拉克战争。

2003年10月25日

米哈伊尔·霍多尔科夫斯基被捕。

2003年11月

格鲁吉亚发生“玫瑰革命”。

2003年12月

乌克兰发生“橙色革命”。

2004年3月14日

弗拉基米尔·普京以71%的票数再次当选总统。

2004 年 3 月 29 日

北约东扩，保加利亚、爱沙尼亚、拉脱维亚、立陶宛、罗马尼亚、斯洛伐克与斯洛文尼亚加入北约。

2005 年 1 月

乔治·W. 布什连任美国总统。

2005 年 5 月

米哈伊尔·霍多尔科夫斯基一审被判处九年监禁。

2008 年 3 月 2 日

德米特里·梅德韦杰夫当选总统，成为普京的继任者。

2008 年 4 月 2 日—4 日

北约峰会在布加勒斯特举行，美国总统乔治·W. 布什与会。会议做出原则上的决定，将接纳格鲁吉亚与乌克兰加入北约。

2008 年 5 月

普京接替梅德韦杰夫就任总理。

2008 年 8 月 7 日—16 日

俄罗斯–格鲁吉亚战争。

2008 年 9 月 9 日

欧盟与乌克兰首脑会议在巴黎举行。欧盟决定向乌克兰提供联系国协定，以加强该国与西方的联系。

2009 年 1 月 20 日

贝拉克·奥巴马就任美国总统。

2009 年 4 月 1 日

北约东扩，阿尔巴尼亚与克罗地亚加入北约。

2011年12月4日

俄罗斯举行国家杜马选举。

2011年12月

莫斯科与圣彼得堡举行示威，抗议杜马选举结果。

2012年3月4日

弗拉基米尔·普京在第一轮总统选举中赢得约64%的票数。

2012年5月7日

在克里姆林宫举行总统就职典礼。

2012年7月

议会通过法律，规定接受国外资助并从事政治活动的非政府组织必须被认定为“外国代理人”。

2013年1月20日

贝拉克·奥巴马再次就任美国总统。

2013年6月17日—18日

八国集团首脑会议在北爱尔兰举行。美国与俄罗斯之间就叙利亚政策展开争论。

2013年6月23日

泄密者、美国前中央情报局特工爱德华·斯诺登抵达莫斯科谢列梅捷沃机场。

2013年9月5日—6日

二十国集团领导人峰会在圣彼得堡举行。弗拉基米尔·普京建议贝拉克·奥巴马对叙利亚问题不应采取军事干预，而应协商解决，通过联合国来处理叙利亚的化学武器。联合国安理会通过了此项决议，叙利亚总统巴沙尔·阿萨德表示赞同。

2013 年 12 月 20 日

米哈伊尔·霍多尔科夫斯基被普京赦免，提前出狱并离开俄罗斯。

2014 年 2 月 7 日 —23 日

索契举办冬季奥林匹克运动会。

2014 年 2 月 19 日 —21 日

基辅发生政变，乌克兰总统亚努科维奇流亡俄罗斯。

2014 年 3 月 16 日

克里米亚举行全民公投，决定是否脱离乌克兰、加入俄罗斯。在总人口中占多数的俄罗斯族人大部分赞成加入俄罗斯。

2014 年 3 月 17 日

美国与欧盟开启对俄罗斯的第一轮制裁。后续制裁在该年的4月和6月进行。

2014 年 3 月 18 日

总统普京在克里姆林宫就克里米亚问题和克里米亚入俄问题发表讲话。

2014 年 3 月 25 日

亿万富翁、寡头彼得·波罗申科赢得选举，当选乌克兰总统。其竞选对手尤利娅·季莫申科得票大幅度落后。

2014 年 7 月 17 日

马来西亚航空公司MH17航班在乌克兰东部被击落。298人遇难。

2014 年 9 月 5 日

乌克兰东部民间武装与基辅政府在明斯克达成停火协议，该协议实际上并未得到遵守。

2015年2月12日

《新明斯克协议》签署。德国总理安格拉·默克尔、法国总统奥朗德、俄罗斯总统普京和乌克兰总统波罗申科以及东部民间武装领导人扎哈尔琴科与普罗特尼茨基就停火、交换战俘与“地方自治”等事宜达成一致。

2015年5月10日

德国总理安格拉·默克尔访问莫斯科，向无名烈士墓敬献花圈。